浙江省高职院校“十四五”重点立项建设教材

新编21世纪高等职业教育精品教材 · **公共基础课系列**

供销文化

主　编　劳赐铭　金建东

副主编　徐　微　王文钰　韩玉洁

中国人民大学出版社

· 北京 ·

图书在版编目（CIP）数据

供销文化 / 劳赐铭, 金建东主编. -- 北京：中国人民大学出版社, 2024.8

新编21世纪高等职业教育精品教材. 公共基础课系列

ISBN 978-7-300-32841-6

Ⅰ. ①供… Ⅱ. ①劳… ②金… Ⅲ. ①供销合作社－中国－高等职业教育－教材 Ⅳ. ①F721.2

中国国家版本馆CIP数据核字（2024）第096957号

浙江省高职院校“十四五”重点立项建设教材

新编21世纪高等职业教育精品教材·公共基础课系列

供销文化

主　编　劳赐铭　金建东

副主编　徐　微　王文钰　韩玉洁

Gongxiao Wenhua

出版发行	中国人民大学出版社		
社　　址	北京中关村大街31号	邮政编码	100080
电　　话	010-62511242（总编室）		010-62511770（质管部）
	010-82501766（邮购部）		010-62514148（门市部）
	010-62515195（发行公司）		010-62515275（盗版举报）
网　　址	http://www.crup.com.cn		
经　　销	新华书店		
印　　刷	唐山玺诚印务有限公司		
开　　本	787 mm × 1092 mm　1/16	版　　次	2024年8月第1版
印　　张	11.75	印　　次	2024年8月第1次印刷
字　　数	233 000	定　　价	39.00元

前言

PREFACE

供销合作社是党中央组织广大乡村地区人民支持新中国建设的重要力量，发挥了组织乡村地区开展生产、为农民提供服务、改造乡村的重要作用。在此进程中，供销合作社中形成了优秀的供销文化，涌现了光辉的时代榜样，“扁担精神”“背篓精神”等供销文化呈现了供销合作社投身农业农村发展、全力支持新中国建设的历史图景。这些文化，也是我国供销合作社持续改革发展、不断焕发新生活力的重要内在动能和精神支柱。

党中央十分重视农业农村发展，连续发布聚焦“三农”问题的中央1号文件；乡村振兴战略、数字乡村发展战略、巩固拓展脱贫攻坚成果同乡村振兴有效衔接等政策要求和工作部署在农村落地生花。当前，我国农业农村发展已进入运用“千村示范、万村整治”工程经验有力有效推进乡村全面振兴的历史发展阶段。一方面，供销合作社持续推进自身的综合改革；另一方面，供销合作社有力投身于各项政策要求和工作部署中，展现了应有的担当。对此，习近平总书记于2020年对供销合作社工作作出重要指示指出，供销合作社是党领导下的为农服务的综合性合作经济组织，有着悠久的历史、光荣的传统，是推动我国农业农村发展的一支重要力量。近年来，全国供销合作社系统深化综合改革，在促进现代农业建设、农民增收致富、城乡融合发展等方面做了大量工作。供销合作社要坚持从“三农”工作大局出发，牢记为农服务根本宗旨，持续深化综合改革，完善体制机制，拓展服务领域，加快成为服务农民生产生活的综合平台，成为党和政府密切联系农民群众的桥梁纽带，努力为推进乡村振兴贡献力量，开创我国供销合作事业新局面。

供销合作社要贯彻好习近平总书记的重要指示，在我国当下运用“千村示范、万村整治”工程经验有力有效推进乡村全面振兴的历史发展阶段，以及未来持续推进农业农村现代化发展的进程中做出更多贡献；必须牢记“供销合作社为农服务”的初心，持续传承和发扬好宝贵的供销文化。2023 年，习近平总书记在出席文化传承发展座谈会上指出，在新的起点上继续推动文化繁荣、建设文化强国、建设中华民族现代文明，是我们在新时代新的文化使命。坚定文化自信，就是坚持走自己的路。坚定文化自信的首要任务，就是立足中华民族伟大历史实践和当代实践，用中国道理总结好中国经验，把中国经验提升为中国理论，既不盲从各种教条，也不照搬外国理论，实现精神上的独立自主。因此，继续办好供销合作社，就是要用好供销文化这一重要“法宝”。

当前，供销合作社队伍更替速度快，年轻人不断充实到供销合作社中，因此传承弘扬供销文化迫在眉睫。同时，我国供销合作社正面临新技术、新需求、新业态等多方面的挑战，亟须补充掌握前沿专业技能、具备浓厚供销文化情怀的新鲜人才血液。而国内目前较为缺乏聚焦供销文化的专门教材，基于此，编写组发挥供销合作社系统院校的行业优势，在中华全国供销合作总社的帮助下，协同有关供销合作社和社有企业等，编写了本教材。本教材既可以用于供销合作社干部职工队伍的文化培训，也可以作为高等院校相关人员了解供销文化的培训用书，具有广阔的市场空间和应用空间。除此之外，本教材还具有以下特色：

1. 思政为纲，“一知两爱三行动”为教材赋责

本教材充分发挥文化类教材思政育人优势，面向思政人才培养要求，以供销文化历史沿革呈现的助农优秀文化和精神为主线，引导学生熟悉“三农”的“一知”（知农），树立正确的“两爱”（爱农业、爱农村），培养学生“三行动”（为农、事农、兴农），做到课程思政润物无声。首先，每章的学习目标中明确了素质（课程思政）目标；其次，每章的导入案例全部选自供销合作社发展历史和各地供销合作社涌现的典型和优秀文化案例；再次，在部分章节中融入“思考”栏目，让学生内化理论知识；最后，每章最后融入含思政元素的实训任务，让学生在行动中深化对知识的理解。

2. 素养为要，“两个耦合”为教材赋值

一是本教材立足于现代农业素养培育要求，将供销合作社助农历史进程中的联农制度文化、为农精神文化、助农服务文化等与教材内容耦合，形成了别具特色的内容体系。二是知识和案例等资源耦合。本教材立足于文化知识的抽象特征和育人效果，将文化知识与“三农”知识交织。通过丰富的供销合作社案例，帮助学生掌握抽象的文化知识、把握生动案例的内核，促进学习效果的提升。

3. 开放为基，“校企双元”为教材赋能

编写组全部具有供销合作社的工作或挂职锻炼经历，具有扎实和丰富的供销合作社研究和服务经验。编写组得到了中华全国供销合作总社、浙江省供销合作社联合社、广东省供销合作联社、河北省供销合作总社、山东省供销合作社联合社等的帮助。毛泽东同志新仓经验批示展示馆、浙江农业商贸职业学院供销合作文化展示馆等为编写组提供了丰富的资料，为编写本教材提供了有力的历史资料支撑。同时，浙农集团股份有限公司等企业提供了大量最新的为农服务实践工作资料，使本教材具有时代性和前沿性。

4. 资源为王，"双媒互补"为教材赋彩

编写组努力通过信息化资源丰富教材内容，完善配套的信息化教学资源，根据知识点，植入相应的视频资源，使传统纸媒与数字媒体构成有机整体，有力服务教学。

本教材作为浙江省高职院校"十四五"重点立项建设教材，也是中华全国供销合作总社重点智库的阶段性成果，由浙江经贸职业技术学院、浙江省供销合作社联合社、浙农集团股份有限公司等供销合作社系统单位联合编写，并得到了其他相关供销合作社的帮助和支持。具体编写工作分工如下：浙江经贸职业技术学院党委书记、全国供销合作职业教育教学指导委员会副主任委员、中华全国供销合作总社"合作经济研究"重点智库主任劳赐铭负责教材的框架构建、编写指导、统稿、校稿、定稿等工作，金建东、徐徽、王文钰、韩玉洁等负责供销合作社调研、资料收集整理、章节编写等工作。本教材的出版还得到了中国人民大学出版社的大力支持和帮助。在此对支持和帮助本教材编写、出版的单位及个人表示衷心的感谢！

虽然通过查阅文献、实地走访等方式，编写组收集了大量的资料，但限于水平与能力，教材中有不足之处在所难免，敬请读者批评指正。

编写组

目录

CONTENTS

第一章 认识供销合作社

学习目标

知识目标

通过本章的学习，你应该：

1. 理解供销合作社的性质及原则。
2. 了解各级供销合作社。
3. 掌握供销合作社的组织机构。

素质目标

通过本章的学习，你应该：

1. 具有牢固的爱国情感，树立崇高的理想，形成正确的世界观。
2. 形成心系“三农”、服务“三农”的责任感与使命感。
3. 树立合作共赢理念，具有助力乡村振兴的担当。
4. 具备新时代不畏艰险、开拓创新的精神。

导入案例

习近平对供销合作社工作作出重要指示强调 牢记为农服务根本宗旨 持续深化综合改革 努力为推进乡村振兴贡献力量

中共中央总书记、国家主席、中央军委主席习近平对供销合作社工作作出重要指示指出，供销合作社是党领导下的为农服务的综合性合作经济组织，有着悠久的历史、光荣的传统，是推动我国农业农村发展的一支重要力量。近年来，全国供销合作社系统深化综合改革，在促进现代农业建设、农民增收致富、城乡融合发展等方面做了大量工作。

习近平强调，各级党委和政府要围绕加快推进农业农村现代化、巩固党在农村执政基础，继续办好供销合作社。供销合作社要坚持从“三农”工作大局出发，牢记为农服务根本宗旨，持续深化综合改革，完善体制机制，拓展服务领域，加快成为服务农民生产生活的综合平台，成为党和政府密切联系农民群众的桥梁纽带，努力为推进乡村振兴贡献力量，开创我国供销合作事业新局面。

供销合作社是国家推进“三农”工作、直接为农服务的重要载体。近年来，供销合作社全面深化综合改革，持续提升服务能力，为农业农村发展、农民增收、脱贫攻坚等作出了积极贡献。供销合作社要坚持以习近平新时代中国特色社会主义思想为指导，认真贯彻党中央、国务院决策部署，始终践行为农服务宗旨，持续推进改革创新，不断提高为“三农”服务的综合能力，进一步抓好促进和带动农业社会化服务、农村现代流通、农民专业合作等重点工作，优化重要农资和农副产品供应服务，为农民增收致富、乡村振兴和农业农村现代化作出新贡献！

中华全国供销合作社第七次代表大会在京召开。全面实施乡村振兴战略、加快推进农业农村现代化，对供销合作社的发展提出了新的更高要求、开辟了更为广阔的空间。要坚持和加强党的全面领导，牢牢把握为农服务宗旨，加强为农服务体系建设，扎实有力深化综合改革，发挥优势加快发展壮大，全面加强自身建设，为加快推进农业农村现代化作出供销合作社的新贡献。

资料来源：习近平对供销合作社工作作出重要指示强调 牢记为农服务根本宗旨 持续深化综合改革 努力为推进乡村振兴贡献力量[EB/OL]. 新华社，2020-09-24.

◎**案例思考：**为什么要继续办好供销合作社？在全面推进乡村振兴实践中，供销合作社有何独特优势？

第一节　走进供销合作社

一、供销合作社的性质

中国供销合作社是为农服务的以农民社员为主体的集体所有制的合作经济组织，是党和政府密切联系农民群众的桥梁纽带和做好农业、农村、农民工作的重要载体，是推动我国农业农村发展的一支重要力量。《中华全国供销合作总社章程》（2020 年 9 月 25 日中华全国供销合作社第七次代表大会修订）第一章第二条对供销合作社性质进行了界定，明确了以下几层含义：

（一）供销合作社是一个经济组织

供销合作社涉及农业生产资料、农副产品、日用消费品、再生资源以及农村金融等多个经济活动，自主经营、自负盈亏。同时，供销合作社身负政府帮助农民实现自身利益的特殊属性。与其他市场主体不同，供销合作社参与经济活动不以追求利润最大化为目的。

（二）供销合作社是一个合作制组织

供销合作社是一个合作制组织，推行区域间横向合作、层级间纵向联合的多种形式的联合与合作机制。

（三）供销合作社是一个集体制度的组织

供销合作社是一个特殊性质的集体所有制经济组织，是社会主义市场经济的一种形式，其生产资料所有权属于入股的社员。而对于由原始社员退出无法归属的供销合作社资产，国家规定社有资产属于供销合作社集体所有，并将资产用于服务农民和发展农业农村。

（四）供销合作社是一个以农民社员为主体和对象的服务性组织

供销合作社因农而生、为农而存，从早期单一的农产品上行、工业品下行商贸流通服务，到综合改革后集农技服务、商贸流通、农资供应、资金供给、消费服务、农民培训等为农服务于一体的综合性服务组织，其根本宗旨一直未变。

（五）供销合作社是一个贯彻为农服务政策的组织

供销合作社坚持党的领导，是党和政府与农民密切联系的桥梁纽带，是贯彻各种为农服务政策和项目的载体。

二、供销合作社的原则

《中共中央 国务院关于深化供销合作社综合改革的决定》明确了供销合作社的原则：

（一）坚持为农服务根本宗旨

始终把服务“三农”作为供销合作社的立身之本、生存之基，把为农服务成效作为衡量工作的首要标准，做到为农、务农、姓农。

（二）坚持合作经济基本属性

按照合作制要求，充分尊重农民意愿，推动多种形式的联合与合作，实行民主管理、互助互利。

（三）坚持社会主义市场经济改革方向

发挥市场在资源配置中的决定性作用，顺应市场经济规律，更多运用经济手段开展经营服务，逐步探索联合社社企分开的途径，增强经济实力和市场竞争能力。同时，服务“三农”工作大局，体现党和政府的政策导向，履行好社会责任。

（四）坚持因地制宜、分类指导

鼓励大胆探索、试点先行，允许从实际出发采取差异性、过渡性的制度和政策安排，给基层更多的选择权，不搞“一刀切”，不追求一步到位，确保改革积极稳妥、有序推进。

课堂延伸

平湖新仓供销合作社如何成为乡村振兴、共同富裕的“密匙”

成立农合联，构建产供销一体链接机制

1955 年，毛泽东同志将同年刊发在《浙江农村工作通讯》上的《平湖县新仓乡订立结合合同的经验》一文，编入《中国农村的社会主义高潮》一书，将原文标题改为《供销合作社和农业生产合作社应当订立结合合同》，并写下按语——“本书谈这个问题的只有这一篇，值得普遍推荐，文章也写得不坏。供销合作社与农业生产合作社订立结合合同一事，应当普遍推行”。

习近平总书记在浙江主政期间，又对“新仓经验”进行了创造性发展，提出了农民专业合作、供销合作、信用合作“三位一体”的宏伟构想。

2008 年，平湖市以供销合作社为核心，将农民合作经济组织、各类为农服务组织联合起来，在全省率先成立以生产、供销、信用服务功能为基础的县级农村合作经济组织联合会，形成了市镇村三级横向统筹、纵向联动的大格局。

2014 年，平湖明确要进一步创新农合联体制机制，推进农民专业合作社提升改造，构建产供销一体链接机制，推进农村金融服务创新，提升为农服务水平。

在创新生产合作体系方面，构建“合作社 + 企业 + 农户”的利益共同体。在创新供销合作网络方面，大力发展“互联网 +”，构建线上线下一体、仓储物流协同、田间餐桌直通的现代供销模式。在创新信用合作模式方面，组建浙江省首家由供销合作社领办并入股的资金互助合作社——新当湖农村资金互助社，并先后建立 6 家农村资金互助会，为社员提供贷款担保。

运用新技术、发展新业态，创造乡村振兴的平湖经验

要实现农业产业高质量发展，科技是关键。2017 年，浙江省首个农业经济开发区在平湖市广陈镇挂牌成立。平湖市还积极构建“企业 + 农户”“村集体 + 农户”“创业 + 农户”的利益联结机制和“薪金 + 租金 + 股金”模式，促进传统农业生产方式、增长方式的转变，农民受益增加，参与建设的积极性增强。实施“金平湖”农产品区域公用品牌战略。

2018 年，平湖探索实践“飞地抱团”低收入家庭持股增收计划。全市低收入家庭通过“八个一点”（集体出一点、家庭掏一点、银行贷一点、党员干部募一点、企业帮一点、慈善捐一点、结对扶一点、政府补一点）原则，多方筹措帮扶资金，入股至村级集体经济“飞地抱团”项目，全员持有帮扶股份，每年获取稳定收益。

2018 年，嘉兴市首家集稻米生产、供销、信用服务于一体的区域性综合服务组织——平湖市稻米产业农合联成立，把全市涉及稻米产业的家庭农场、农民专业合作社、加工企业、流通企业等经营主体联合起来，服务内容涵盖稻米生产、加工、收储、销售等。通过粮食全产业链服务，平湖市稻米产业农合联实现了从一颗稻谷到一粒大米的帮农促富，探索出打造农事服务带动共同富裕的样板。

平湖新仓供销合作社下属的平湖市农产品展销配送有限公司主要从事农产品流通销售，建有全程可追溯、可视化的农产品安全监控体系，通过统一定点采购、统一制定价

格、统一安全检测、统一加工分拣、统一配送服务的“五统一”服务，提升了从采购源头到餐桌的安全保障水平。

“产供销”一体化山海共富合作，实现资源优势互补、交融发展

在平湖经验的基础上，近年来，平湖新仓供销合作社还积极开展与青田、松阳、常山、缙云等地在农产品流通领域的对口支援，通过资源优势互补、交融发展，推进乡村振兴及共同富裕。平湖新仓供销合作社“产供销”一体化山海共富合作模式获浙江省高质量发展建设共同富裕示范区最佳实践（第一批）荣誉。

平湖新仓供销合作社将统一定点采购、统一制定价格、统一安全监测、统一加工分拣、统一配送服务的“五统一”服务和“产地品控＋专线运输＋线上线下联盟圈展销”的农产品流通销售模式平移到山海协作地区，实现区域配送闭环服务。如在松阳县成立松阳县山海农产品配送有限公司，为松阳县百余家企事业单位提供高质量的食材配送服务。同时，协助建成山海协作地区“田园鲜到家”生鲜超市，构建社区服务网络。平湖、松阳、青田等地的供销合作社及生产基地建立跨域合作关系，带动多地农民共同增收。

资料来源：“老字号”焕发新春 平湖供销社如何成为乡村振兴、共同富裕的“密匙”[EB/OL]. 潮新闻，2023-04-20.

思考

从供销合作社的性质和原则的角度进行分析，供销合作社在助力实现共同富裕方面有哪些独特价值？

第二节　供销合作社大家庭

经过半个多世纪的发展，特别是持续深化综合改革以来的体制机制创新，供销合作社逐渐形成了自己独特的优势，已成为目前全国最大、组织体系最为完善的合作经济组织之一。具体来看，供销合作社包括县级及以上供销合作社、基层供销合作社、社有企业、下属事业单位。

一、县级及以上供销合作社

（一）概念

县级及以上供销合作社是指包括中华全国供销合作总社（简称总社）、省（区、市）供销合作社（简称省社）、省辖市（地、盟、州）供销合作社（简称市社）、县（区、市、旗）供销合作社（简称县社）在内的供销合作社。

中华全国供销合作总社章程

（二）职能

县级及以上供销合作社的职能主要包括：贯彻执行党中央、国务院和党委、政府“三农”工作方针政策，指导和推进全域供销合作事业发展，指导全域供销合作社开展乡村振兴、农业农村现代化建设相关服务工作；负责研究制定全域供销合作社的发展规划并组织实施，指导服务全域供销合作社改革发展；履行社有资产运营指导和监督管理职责，坚持社有资产为农服务属性，确保社有企业为农服务方向，落实社有资产保值增值和安全责任；根据授权，对重要农业生产资料、农副产品经营进行组织、协调和管理，指导全域供销合作社承担政府委托的公益性服务和其他任务；推进供销合作社法治建设，研究提出促进农村经济社会和行业发展的政策法规建议，维护全域供销合作社的合法权益；指导全域供销合作社开展农业生产经营服务、城乡消费品流通服务、再生资源回收利用服务、农村合作金融服务等业务活动，领办参办农民专业合作社，指导主管的涉农社团履行为农服务职责；指导全域供销合作社开展教育培训工作，管理供销合作社所属各类组织；根据业务需要，负责茶叶拍卖交易活动的日常监督和管理，指导茶叶流通方式改革与创新；承办党委、政府交办的其他任务。

二、基层供销合作社

（一）概念

基层供销合作社简称基层社，主要是指供销体系中的基层单位，即乡镇供销合作社，并在县级供销合作社领导下开展经营业务。从职能来看，基层社配合乡镇党委、政府宣传发动和组织引导农民群众发展农村经济，增加农民收入，提高农民组织化水平。基层社作为一级法人实体，是供销合作社实现为农服务宗旨的基本环节和前沿阵地。

基层社是供销合作社直接面向农民的综合性经营服务组织，是供销合作社与农民联系最紧密的环节之一。实践证明，供销合作社能不能完成政府赋予的使命和任务，关键是看基层社能否发挥作用。因此，推进基层社改革，对全国供销合作社系统的高质量发展，进而推进农业农村现代化和乡村振兴具有重大意义。

（二）特点

1. 发展质量实现显著提升

一是基层社的数量明显增加。各地供销合作社积极响应国家关于深化供销合作社综合改革的号召，采取上级供销合作社帮扶、社有企业带动、农村能人领办、农民专业合作社转型等多种方式，积极发展新建和恢复重建基层社，基层社数量持续增长。二是经济实力显著回升。回升不仅体现在财务指标的改善上，更反映在基层社整体经营活力和市场竞争力的提升上。三是逐渐形成发展模式。基层社在改革发展过程中，逐渐找到了符合自身特点的发展路径，形成了创新经营机制、拓宽业务领域、优化服务方式等路径，基层社内在动力不断激发，市场反应速度和服务效率不断提高。

2. 产权属性不断明晰

随着基层社的改革和规范化管理举措不断深入，资产权属不断明晰。一是对资产的分类和归属进行了相对清晰的划分，明确了各类资产的性质、用途和管理责任。二是建立了相对完善的资产管理制度和流程，规范了资产的采购、使用、处置等各个环节的操作。三是加强了资产监管和风险防范机制，确保了资产的安全、完整和保值增值。

3. 人才队伍建设取得显著成效

通过实施人才引进、培养和激励等多元化策略，基层社逐步构建了一支数量充足、结构合理、素质优良的人才队伍。这些人才不仅具备扎实的专业知识和丰富的实践经验，还拥有良好的创新意识和市场敏锐度，这为基层社的发展注入了新的活力。

4. 综合服务功能稳固提升

在服务“三农”方面，基层社紧紧围绕“三农”实际需求，不断拓展服务领域、创新服务内容和提升服务质量，在开展日用消费品经营、农资供应、农产品购销、再生资源回收等流通服务基础上，逐步延伸开展农村寄递、农业生产社会化服务等生产生活服务，综合服务功能得到有效拓展。

课堂延伸

加强合作共建 实现多方共赢

原璧山区青杠街道供销合作社成立于1986年，因不适应市场竞争已停业多年。近年来，为恢复供销合作社经营服务阵地，璧山区社牵头成立青杠中洪供销合作社，以公司形式运作，作为基层社管理，通过与农民专业合作社、村集体经济组织加强合作，为当地农民提供生产和生活服务，促进了农业经营主体发展、农业产业增效、村集体和小农户增收。

以公司形式新建基层社

2019年，重庆市璧山区青杠中洪供销合作社有限公司（对外挂“青杠中洪供销合作社”的牌子，以下简称基层社）在璧山区社主导推动下成立，登记形式为有限责任公司，注册资本100万元。区社争取市、区两级财政补助资金80万元购置门面近300平方米，该资产作为璧山区社全资企业重庆市璧山区兴合供销社集团有限公司（以下简称兴合供销集团）对基层社的部分出资，青杠街道办事处无偿提供5个门面合计200平方米，为基层社提供了经营场所。在股权结构上，兴合供销集团持股97.8%，重庆健洪农业开发有限公司（以下简称重庆健洪公司）持股1%，重庆市璧山区新星果蔬种植股份专业合作社（以下简称新星果蔬专业社）和重庆市璧山区健洪柠檬种植股份合作社（以下简称健洪柠檬专业社）分别持股1%、0.2%。新星果蔬专业社、健洪柠檬专业社分别有农民社员300人、126人。

在人员选聘上，基层社主任由重庆健洪公司和健洪柠檬专业社负责人胡天洪担任，他曾在多家国企、民企、外资企业管理层任职，具有丰富的经营管理经验。基层社副主任由新星果蔬专业社理事长、青杠街道农业服务中心负责人、重庆农商行璧山支行青杠分理处负责人担任，基层社监事由兴合供销集团党组织书记担任。

在财务管理上，基层社财务交由璧山区社建立的农民合作社服务中心代为管理，每月支付100元的管理费用。

在利润分配上，为确保基层社顺利起步、持续经营，各方共同商定2019年、2020年基层社利润暂不分配。考虑到重庆健洪公司和健洪柠檬专业社主要负责基层社运营，经营成本投入大，且面临不确定性风险，区社企业和新星果蔬专业社不参与经营决策，并商定：2021—2023年，每年按照兴合供销集团、新星果蔬专业社出资额的3%支付固定回报，2024年起该比例提高到5%；剩余利润由重庆健洪公司和健洪柠檬专业社按股分配。同时，基层社分别对新星果蔬专业社、健洪柠檬专业社出资105万元、57万元，分别占34%、35%，可享受合作社内部盈余分配。

此外，基层社还领办重庆市璧山区玖直农产品种植股份合作社、重庆市璧山区深基湾食用菌种植专业合作社、重庆市璧山区堂佑农机专业合作社等3家农民专业合作社，均按照合作制运作，进一步强化了和农民的组织利益联结。基层社还和村集体经济组织共同出资组建2家农村综合服务社。

聚焦农民需求开展经营服务

基层社成立后，从解决当地农民生产生活中的难事入手，积极协调相关政策支持，同时主动对接整合供销社内部资源和系统外涉农企业、农民专业合作社、村集体经济组织、银行等为农服务组织，精准开展经营服务，受到了农民的欢迎。

探索解决农民种田难。利用区农资公司的供货渠道，将质优价廉的农资产品直接配送给合作社，化肥价格一般低于市场价10%。针对农村劳动力缺乏，依托入股的重庆市璧山区堂佑农机专业合作社提供耕、种、收环节的农机作业和土地整治服务，年综合作业3万多亩次，降低农民种地的人工投入，水稻、林果、蔬菜每亩分别可减少投入10元、15元、25元。通过入股的新星果蔬专业社，解决重茬仔姜易患姜瘟病的难题，每亩产量提高到5 000千克，产值达4万多元，带动300余户农户增收。

探索解决农产品销售难。基层社入驻政府采购平台，组织农民专业合作社向区级机关、企事业单位食堂配送食材，同时向城区超市供应农产品，自成立以来，帮助专业社销售农产品1 000万元。与双福农产品批发市场、渝州交易城对接，入驻重庆市社“村村旺”电商平台，年组织农民专业合作社销售农产品184.7万元。

探索解决农民增收难。基层社依托重庆健洪公司的加工技术，组织重庆市璧山区玖直农产品种植股份合作社及农户标准化种植大豆500亩，全部供应重庆健洪公司，加工成豆制品销售给企事业单位食堂和农贸市场，再将加工后的豆渣制成饲料销售给养殖类专业社，专业社社员种植大豆每亩可获得收入530元。入股的健洪柠檬专业社把柠檬销售给重庆健洪公司，加工成干柠檬片、柠檬果脯等食品，提高产品附加值，农民种植柠檬每亩可获收入1 240元。

探索解决融资难。基层社积极对接璧山区农商行“旺农贷”业务，为农商行推荐符合贷款条件的农民专业合作社并协助贷后管理，利用璧山区政府提供风险补偿和贷款贴息资金的优惠政策帮助农民专业合作社降低贷款成本。截至目前，4家农民专业合作社获得了3年期贷款共计270万元，贴息后实际贷款利率3.425%，低于同期贷款市场报价利率0.425个百分点，有效缓解了经营资金困难。

探索解决便民综合服务落地难。基层社分别与梁山村、大森村“两委”合作建设农村综合服务社，通过区社公司流通渠道提供农资和日用品供应服务。以梁山村综合服务社为例，基层社出资3万元，占51%，璧山区财政补贴2.88万元，量化分配给村集体和农民，占49%，服务社租用村委会的场地，聘请当地村民负责经营，扣除成本后的经营利润按股分配。基层社还依托农村综合服务社建立中国建设银行“裕农通”便民金融网点，为农户提供便捷的小额存取款服务；代办邮政公司快递收发服务，农户邮寄农产品可享受全国范围首重3千克内每千克运费仅为3元的优惠价格。此外，基层社还协助区社物资回收公司开展废弃农膜回收工作，助力乡村环保。

有益启示

青杠中洪供销合作社的成功有两点有益启示：一是积极争取党委政府支持是新建基层社的重要保障。新建基层社需要人、财、物多方面投入，是不少地方面临的难题。璧山区社争取财政资金为区社企业出资，交由基层社购置固定资产，并协调当地街道提供门面房，极大地帮助基层社缓解了组建初期的资金压力、快速构建起为农服务阵地。二是基层社开展服务要把准农民需求。农民所需所急所盼，既是广阔的市场空间，更是基层社的服务方向。青杠中洪供销合作社从当地农民需求出发，找准了经营服务业务切入点，实现了良好开端。

资料来源：关于基层供销合作社建设的4个典型案例[EB/OL].中国供销合作网，2021-12-15.

思考

重庆市璧山区青杠中洪供销合作社重建属于哪种基层供销社建设模式？该模式对推进基层社分类改造有什么推广价值？加强基层社建设的意义是什么？

三、社有企业

供销合作社企业简称社有企业，是供销合作社拥有控制权的出资企业，包括供销合作社全资、控股或实际控制的企业及其子企业。社有企业是供销合作社经营服务体系的重要支撑，是供销合作社为农服务能力和自身经济实力的重要体现。

（一）供销合作社全资企业

供销合作社全资企业由供销合作社制定和修改企业章程，对企业依法享有资产收益、重大决策、选择管理者等出资人权利。供销合作社全资企业依法自主经营、自负盈亏、依法纳税，对出资人投入的资产负有保值增值责任，不得损害出资人的合法权益。

（二）供销合作社出资企业

供销合作社出资企业坚持为农服务方向和市场经济取向，完善法人治理结构，提高市场竞争能力，拓展经营服务领域，发挥带动作用，加强区域间、层级间经济联合，为供销合作社改革发展和为农服务提供支撑。

课堂延伸

浙江省兴合集团有限责任公司

浙江省兴合集团有限责任公司是中国500强企业、浙江省重点流通企业和供销系统为农服务龙头企业，主要负责运营管理浙江省供销合作社本级经营性资产。

近年来，浙江省兴合集团有限责任公司坚持以新发展理念引领高质量发展，不断推进转型升级、改革创新和提质增效，已发展成为以商贸流通产业为基础、跨区域运营的综合性产业集团。

浙江省兴合集团有限责任公司实施贸易为本、有限多元的发展战略，产业涉及供应链运营、外贸经营、地产开发、金融投资等领域，经营服务网络遍及中国30多个省级行政区及海外100多个国家与地区，打造了兴合、惠多利、骆驼等一批驰名商标与知名品牌，形成内外贸一体、科工贸结合、产融互动、多元协同的发展格局。浙江省兴合集团有限责任公司着力在改革发展中深化为农服务，积极做好产业、消费等帮扶，积极助力乡村振兴和农业农村现代化建设，肩负起省级社有企业责任担当。

思考

供销合作社如何兼顾为农服务与实现经济利益？

四、下属事业单位

供销合作社下属事业单位作为推动供销合作事业发展的重要组成部分，承担着科技教育、文化宣传、技术推广等关键职能，通过多维度、全方位的服务与支持，为供销合作事业的稳健发展提供了坚实的科技、信息和人才支撑。

供销合作社下属事业单位体系庞大且多元化，其直属事业单位包括：媒体单位，如中华合作时报社等；教学单位，如浙江经贸职业技术学院等；培训单位，如中华全国供销合作总社管理干部学院等；技术推广中心，如中华全国供销合作总社职业技能鉴定指导中心等；科研单位，如南京野生植物综合利用研究所、济南果品研究所、杭州茶叶研究所、郑州棉麻工程技术设计研究所、北京商业机械研究所、天津再生资源研究所、昆明食用菌研究所、西安生漆涂料研究所等。

课堂延伸

浙江经贸职业技术学院

浙江经贸职业技术学院是由浙江省供销合作社联合社举办的全日制公办高职学校，是国家优质高等专科学校、国家“双高计划”建设单位和省“双高”校。浙江经贸职业技术学院前身是创办于1979年的浙江供销学校和创办于1984年的浙江省供销社职工学院，1999年经浙江省政府批准筹建，2002年1月正式建院，2004年整体搬迁至杭州市钱塘区。2018年，经省委机构编制委员会办公室同意，浙江经贸职业技术学院在现有基础上增挂“浙江合作经济管理学院”，实行“两块牌子、一套班子”管理。

建校40余年来，在各级各界的关心支持下，学校先后被评为教育部高职高专院校人才培养工作水平评估优秀单位、省示范性高等职业院校和中华全国供销合作总社示范性高等职业院校、省高职暨优质建设校单位，是浙江省人民政府与中华全国供销合作总社省部共建院校、教育部全国供销合作职业教育教学指导委员会副主任委员单位。2022年，学校在国家“双高计划”建设中期绩效评价获得“优秀”等级。

学校拥有全国优秀教师2人，国家级职业教育教师教学创新团队1个，省级黄大年式教师团队1个，省级职业教育教师教学创新团队3个，省级中高职一体化教师教学创新团队1个，省级杰出教师1人，省级有突出贡献中青年专家1人，省级教学名师2人，省级技术能手1人，省级专业带头人18人，入选“钱江人才计划”教师2人，入选“省青年科学家培养计划”教师1人。学校建有国家“双高计划”电子商务专业群、省级“双高计划”电子商务、食品检验检测技术专业群，“中央财政支持高等职业学校提升专业服务能力”项目2个，国家骨干专业6个，省级重点专业2个，省级优势专业6个，省级特色专业5个，省级示范专业3个。学校获国家级教学成果一、二等奖各1项，省级教学成果奖6项，首届全国教材建设奖二等奖1项，全国职业院校技能大赛教学能力比赛二等奖1项。学校建有国家教学资源库1项，全国职业院校教师教学创新团队建设体系化课题研究项目1个，“国家级精品资源共享课”2门，国家级、省级精品在线开放课程18门，国家级、省级课程思政示范课程17门，省级教材建设研究中心1个，职业教育国家规划教材36部，首批“十四五”省级重点教材11部，省级普通高校“十三五”新形态教材24部。学校还获得国家社科基金项目、教育部人文社会科学研究一般项目等多个国家级、省部级项目立项。

学校合作经济研究智库为中华全国供销合作总社重点智库，3个应用技术协同创新中心获教育部认定，建有省级应用技术协同创新中心1个，省级职业教育示范性虚拟仿真实训基地1个、省级产教融合示范基地2个，省级产学合作协同育人项目14个，教育部产教融合校企合作典型案例2个，省级示范性继续教育（社会培训）基地和省级社区教育示范基地1个。

浙江经贸职业技术学院宣传片

思考

供销合作社下属事业单位（如社属院校），如何在供销合作社领导下更好发挥为农服务的重要支撑作用？

第三节 供销合作社的组织机构

供销合作社拥有比较完善的组织机构，其组织机构包括权力机构、执行机构和监督机构三个部分，旨在确保供销合作社能够高效、规范地运作，从而更好地服务农村经济发展和助力乡村振兴推进。

一、权力机构

供销合作社代表大会是供销合作社的最高权力机构，其在职权、代表产生、会议召开、会议决策等方面呈现以下特点。

（一）职权

以中华全国供销合作社代表大会为例，其职权主要包括：审议和批准总社（指中华全国供销合作社总社，下同）理事会的工作报告；审议和批准总社监事会的工作报告；审议和通过中华全国供销合作社代表大会决议；通过或者修改总社章程；选举总社理事会理事、常务理事、副主任、主任；选举总社监事会监事、副主任、主任；讨论和决定其他重大事项。

（二）代表产生

中华全国供销合作社代表大会代表由成员社选举或者推荐。中华全国供销合作社代表大会代表名额和代表产生办法，由总社理事会决定。

（三）会议召开

中华全国供销合作社代表大会每五年举行一次，由总社理事会召集。总社理事会或者常务理事会认为必要，或者三分之一以上成员社提出请求，中华全国供销合作社代表大会可以提前或者延期举行。总社理事会应当在中华全国供销合作社代表大会举行一个月以前，将开会日期和会议议程通知成员社。总社成员社向中华全国供销合作社代表大会提出的建议案，须在会前提交总社理事会。召开中华全国供销合作社代表大会须有全体代表三分之二以上出席。省级、市级供销合作社代表大会也是每五年举行一次。

（四）会议决策

各项决议案须由全体代表过半数通过方为有效。召开中华全国供销合作社代表大会时，由出席会议的代表选举主席团主持会议。

课堂延伸

中华全国供销合作社第七次代表大会隆重召开

2020 年 9 月 24 日，中华全国供销合作社第七次代表大会在京隆重召开。大会传达学习习近平总书记重要指示、李克强总理批示。中共中央政治局委员、国务院副总理胡春华出席会议并作讲话。

总社理事会主任、党组副书记喻红秋代表总社第六届理事会向大会作工作报告。总社党组书记、理事会副主任韩立平宣读习近平总书记重要指示和李克强总理批示。中华全国总工会党组书记、副主席、书记处第一书记李玉赋代表中华全国总工会、各人民团体、有关部门和单位致辞。

喻红秋就贯彻落实好习近平总书记重要指示、李克强总理批示和胡春华副总理讲话精神提出要求。她指出，习近平总书记的重要指示，立足党和国家事业全局和“三农”工作大局，对供销合作社工作作出新的重大部署，为新时代供销合作事业擘画了发展蓝图、指明了前进方向。李克强总理的批示，充分肯定供销合作社服务农业农村发展的积极成效，对新形势下供销合作社深化综合改革、服务乡村振兴提出明确要求。胡春华副总理的讲话，深入贯彻习近平新时代中国特色社会主义思想，深刻阐述了做好新时期供销合作社工作的重大意义。我们倍感振奋、备受鼓舞，一定要深刻学习领会，坚决贯彻落实，努力开创我国供销合作事业新局面，为推进农业农村现代化和乡村振兴贡献力量，向党中央和亿万农民群众交出一份合格答卷。

喻红秋在题为《奋力开拓中国特色供销合作社发展之路 为推进农业农村现代化和乡村振兴贡献力量》的工作报告中指出，过去五年，是供销合作社持续深化综合改革、各项事业取得新成就的五年，是供销合作社不断强化宗旨意识、与农民联系更加紧密的五年，是供销合作社主动服务党和国家工作大局、地位作用日益显现的五年。特别是 2020 年以来，面对突如其来的疫情，全系统坚决听从习近平总书记号令，认真落实党中央、国务院决策部署，全力投入战疫情、备春耕、保供给、防滞销、促增收、惠民生等工作，以实际行动展现了为农服务国家队的担当与作用。五年来，全系统综合改革全面推进，脱贫攻坚富有成效，为农服务能力明显提升，基层基础不断夯实，联合社治理能力进一步增强，社有企业发展稳中有进，落实全面从严治党成效显著。

喻红秋强调，五年来供销合作社改革发展之所以取得这些成就，根本在于以习近平同志为核心的党中央坚强领导，根本在于习近平新时代中国特色社会主义思想的科学指引。五年来的改革发展实践，使我们更加深切地体会到，必须始终坚持党对供销合作事业的领导；必须始终坚持围绕中心服务大局；必须始终坚持为农服务根本宗旨；必须始终坚持深化改革；必须始终坚持合作经济基本属性。站在新的历史起点上，供销合作社要实现新跨越、开创新局面、谱写新篇章，必须坚持正确方向，必须彰显政治优势，必须明确历史使命，必须勇担职责任务，必须加强自身建设，努力走出一条中国特色供销合作社发展之路。

喻红秋指出，今后五年，将是党和国家历史进程中不平凡的五年，也是供销合作事业发展历程中具有特殊意义的五年。必须坚持以习近平新时代中国特色社会主义思想为指导，全面贯彻党的十九大和十九届二中、三中、四中全会精神，深入学习贯彻习近平总书记关于"三农"工作重要论述和对供销合作社工作的重要指示批示，坚持稳中求进工作总基调，坚持新发展理念和高质量发展要求，坚持从"三农"工作大局出发，牢记为农服务根本宗旨，持续深化综合改革，完善体制机制，拓展服务领域，深入推进改革强社、服务立社、夯基建社、以企兴社、从严治社，加快成为服务农民生产生活的综合平台，成为党和政府密切联系农民群众的桥梁纽带，为推进农业农村现代化和乡村振兴贡献力量。

喻红秋要求，全系统要深入学习贯彻习近平新时代中国特色社会主义思想，不断筑牢供销合作事业发展的思想根基，在深学细悟中把握思想体系，在联系实际中厘清工作思路，在知行合一中积极担当作为。要立足服务党和国家工作全局，积极建功"十四五"经济社会发展，着力在落实"六稳""六保"工作任务中体现担当，着力在建立稳定脱贫长效机制中贡献力量，着力在推进乡村振兴中展现作为。要深化"三位一体"综合合作，推动改革系统集成，加快补齐改革短板弱项，大力实施供销合作社培育壮大工程，开启综合改革新篇章。要完善农业社会化服务体系，健全农产品现代流通体系，实施"供销品牌创建行动"，着力打造综合性合作经济组织，加快形成全产业链为农服务新格局。要着力加强县级社建设，全面提升基层社发展质量，办好办强农民合作社，做强县及县以下供销合作社，全力打通为农服务"最后一公里"。要推进社有企业市场化改革，提高社有企业综合实力，加强社有企业监督和管理，大力推进社有企业高质量发展，加快构建特色鲜明、优势突出的产业支撑体系。要切实把党的政治建设摆在首位，着力加强干部人才队伍建设，坚定不移推进党风廉政建设，统筹推进供销合作社各项事业，坚持全面从严治社，着力营造供销合作事业持续健康发展的良好环境。

韩立平在会上指出，各位代表要认真学习贯彻习近平总书记重要指示、李克强总理批示和胡春华副总理讲话，认真审议六届理事会、监事会工作报告。喻红秋同志的工作报告，全面总结回顾了“六代会”以来的主要工作和经验体会，深刻阐述了新的历史时期确保供销合作事业健康发展必须牢牢把握的工作理念和实践要求，明确提出了开启供销合作事业发展新征程的指导思想和目标任务，并对今后5年的重点工作进行了全面部署。报告通篇贯穿了习近平新时代中国特色社会主义思想，认真贯彻落实习近平总书记对供销合作社工作的重要指示批示精神，主题鲜明、思想深刻，目标明确、措施有力，对于持续深化供销合作社综合改革，加快成为服务农民生产生活的综合平台，成为党和政府密切联系农民群众的桥梁纽带，开创我国供销合作事业新局面，具有十分重要的意义。

中央和国家机关有关部门的负责同志、“二代会”以来担任总社领导职务的老领导和历届监事会的部分兼任监事等嘉宾和特邀代表，总社理事会、监事会领导班子成员出席会议。

总社第六届监事会向大会书面提交了题为《服务大局 担当作为 为新时期供销合作事业健康发展贡献力量》的工作报告。

资料来源：中华全国供销合作社第七次代表大会隆重召开 [N]. 中华合作时报，2020-09-25（1）.

思考

供销合作社的权力机构是如何体现合作经济和为农服务属性的？

二、执行机构

理事会是供销合作社的执行机构。理事会是供销合作社代表大会闭会期间的执行机构，对供销合作社代表大会负责并报告工作。

（一）职权

各级供销合作社依据章程对理事会的职能进行明确界定，确保理事会有效行使职能。以中华全国供销合作总社理事会为例，其职权包括：组织召开中华全国供销合作社代表大会，执行其决议；组织实施《中华全国供销合作总社章程》第十一条规定的各项职能和任务；研究部署总社重要工作，指导中华全国供销合作总社改革发展，促进成员社之间经济联合与合作；批准接纳成员社或者取消成员社资格；代表总社履行出资人职责；行使《中华全国供销合作总社章程》规定的其他职权。

（二）人员

理事会由主任一人，副主任、常务理事、理事若干人组成，每届任期五年。理事会设农民理事和专家理事。成员社理事实行单位替补制。在中华全国供销合作社代表大会闭会期间，理事、常务理事、副主任、主任变动的，由理事会履行相关手续。中华全国供销合作总社实行理事会主任负责制，理事会主任为总社的法定代表人。

（三）运行

理事会全体会议每年举行一次，由常务理事会召集。常务理事会认为必要，或者监事会提议，或者三分之一以上理事提出请求，可以临时召集理事会全体会议。理事会全体会议须有三分之二以上理事出席方可举行，会议决议须由全体理事过半数通过方为有效。

（四）常务理事会

常务理事会是理事会的常设机构，由理事会主任、副主任、常务理事组成。常务理事会会议由理事会主任或者受理事会主任委托的副主任召集。常务理事会会议须有三分之二以上常务理事出席方可举行，会议决议须由全体常务理事过半数通过方为有效。常务理事会的职权是：负责召集理事会全体会议，并向其报告工作；执行理事会的决议；决定年度财务预算、决算方案；决定内部管理制度；决定内部办事机构的设置；决定企事业单位的设立、合并、分立或者解散；决定对企业的出资及投资收益的管理和使用；理事会授予的其他职权。

课堂延伸

中华全国供销合作总社第七届理事会第五次全体会议召开

2023年1月17日，中华全国供销合作总社第七届理事会第五次全体会议在京召开。总社党组书记、理事会副主任韩立平代表总社常务理事会作工作报告。总社党组成员、理事会副主任侯顺利主持会议。总社领导班子成员出席会议。

会议指出，2022年是党和国家历史上极为重要的一年，也是供销合作社发展史上具有重要意义的一年。全系统坚持以习近平新时代中国特色社会主义思想为指导，认真学习宣传贯彻党的二十大精神，发挥职能优势，主动担当作为，系统经济保持平稳发展态势；强化使命担当，围绕服务保障国家粮食安全全力做好农资供应，深入开展定点帮扶和消费帮扶，扎实推进乡村振兴重点任务落实，服务党和国家工作大局作用更加彰显；强化统筹指导，持续攻坚克难，创新联合社治理机制，深化社有企业改革，加强县及县以下基层建设，综合改革取得新进展新成效；聚焦主责主业，不断优化和创新服务供给，农业社会化服务加快发展，农产品流通服务水平明显提升，县域流通服务网络建设提升行动深入实施，为农服务能力和水平进一步提升；加强党的建设，供销合作社全面从严治党工作不断向纵深推进。

会议强调，2023年是全面贯彻落实党的二十大精神的开局之年，全系统必须深刻认识和准确把握党中央、国务院关于“三农”工作的新部署新要求，提高政治站位，积极担当作为，在新时代新征程农业农村发展中发挥更大作用、作出更大贡献。必须深刻认识和准确把握推动高质量发展这个主题，加快转方式、调结构、促改革，实现质的有效提升和量的合理增长。必须深刻认识和准确把握党中央关于加快建设农业强国的重大战略部署，找准供销合作社工作的切入点和着力点。必须深刻认识和准确把握保障粮食和重要农产品稳定安全供给这个头等大事，努力在服务大局中发挥好职责作用。必须深刻认识和准确把握党中央关于持续深化供销合作社综合改革的决策部署，不断深化改革创新。必须深刻认识和准确把握坚持和加强党的全面领导这一重大原则，把党的领导落实到供销合作社工作全过程各环节，确保供销合作事业始终沿着正确政治方向前进。

会议指出，做好2023年工作，要坚持以习近平新时代中国特色社会主义思想为指导，全面贯彻落实党的二十大精神，认真落实中央经济工作会议和中央农村工作会议精神，深入贯彻习近平总书记重要指示批示精神和党中央、国务院决策部署，深入落实中发〔2015〕11号文件要求，坚持稳中求进工作总基调，完整、准确、全面贯彻新发展理念，积极服务和融入构建新发展格局，紧紧围绕加快建设农业强国，牢记为农服务根本宗旨，持续深化综合改革，进一步完善体制、优化职能、转变作风，推动供销合作社高质量发展，为全面推进乡村振兴、加快农业农村现代化、加快建设农业强国作出应有贡献。

会议要求，全系统要坚持以党的二十大精神为统领，着力在全面学习、全面把握、全面落实上下功夫，深刻领悟“两个确立”的决定性意义，不断提高政治判断力、政治领悟力、政治执行力，不断增强“四个意识”、坚定“四个自信”、做到“两个维护”。要牢记“国之大者”，聚焦服务保障国家粮食安全，全力做好重要农时农资储备、调运、供应工作，聚焦巩固拓展脱贫攻坚成果，全力做好帮扶工作，在服务全面推进乡村振兴中主动担当作为。要持续深化综合改革，着眼重点领域和关键环节，推进基层社改造，深化社有企业改革，创新联合社治理机制，着力推动供销合作社高质量发展。要大力开展农业社会化服务，做强服务载体，扩大服务规模，创新服务方式，促进农业适度规模经营，更好推动小农户与现代农业发展有机衔接。要加快提升现代流通服务水平，畅通联结产销的现代化农产品流通网络，因地制宜发展县域流通服务网络，大力发展农产品冷链物流，创新流通方式，在服务扩大国内需求中发挥更大作用。要统筹发展和安全，坚持底线思维，增强风险意识，着力在经济运行、企业经营、金融服务、安全生产等方面防范和化解各类风险，确保系统平稳健康运行。要坚持和加强党的全面领导，把党的政治建设摆在首位，坚定不移推进党风廉政建设，着力加强干部人才队伍建设，持之以恒深化作风建设，为供销合作事业健康发展提供坚强保障。

会议按照《中华全国供销合作总社章程》履行总社理事会理事、常务理事、副主任、主任调整程序，表彰了2022年供销合作社系统综合业绩考核优胜单位，河北省社、福建省社、重庆市社、中国供销集团负责同志作了大会交流发言。

会议以电视电话形式举行，在北京设主会场，总社在京理事、监事出席；中央组织部、审计署等单位有关司局的同志应邀参加；中央纪委国家监委驻总社纪检监察组、总社机关各部局副局级以上干部，京内各直属单位、各主管社团主要负责同志，中国供销集团有限公司班子成员及其在京成员企业主要负责同志列席。总社京外理事、监事，各省、自治区、直辖市及计划单列市、副省级省会城市、新疆生产建设兵团供销合作社，总社京外企事业单位主要负责同志在各地分会场参加会议。

资料来源：白京京．总社第七届理事会第五次全体会议召开[N]．中华合作时报，2023-01-08（1）．

思考

供销合作社如何体现运行过程中的民主管理？

三、监督机构

供销合作社监事会是监督机构，对供销合作社代表大会负责并报告工作。

（一）职权

供销合作社依据章程对监事会的职能进行明确界定，确保监事会有效行使职权，具体包括：监督理事会对本章程和供销合作社代表大会决议的执行情况；监督理事会对国家有关法律、法规和政策的执行情况；监督理事会对国家委托的各项经济、社会任务的完成情况；监督理事会社有资产保值增值、财政资金使用和企业重大投资、并购重组、资产运营等情况；开展调查研究，反映社情民意，向理事会提出改进工作的建议；对理事会的重大决定有不同意见，提出建议未被采纳的，有权向供销合作社代表大会反映；指导成员社监事会开展工作；提议临时举行理事会全体会议。

（二）人员

监事会由主任一人，副主任和监事若干人组成，每届任期五年。监事会设农民监事和专家监事。成员社监事、国家有关部门监事实行单位替补制。中华全国供销合作总社理事以及理事会办事机构、事业单位、出资企业的主要负责人，不得兼任监事。

（三）运行

在供销合作社代表大会闭会期间，监事会监事、副主任、主任变动的，由监事会履行相关手续。监事会组成人员列席理事会全体会议。监事会主任、副主任列席常务理事会会议。监事会全体会议每年举行一次，由监事会主任或者受监事会主任委托的副主任召集；必要时，可以临时召集监事会全体会议。监事会全体会议须有全体监事三分之二以上出席方可举行，会议决议须由全体监事过半数通过方为有效。

课堂延伸

钦州市供销社监事会制度建设存在的问题及对策措施

一、存在问题

（一）监事会机构设置不合理

目前，全市基层社和社有企业监事会监事由企业内部产生，监事会监事工资福利等与企业挂钩，监事会成员的独立地位得不到保障，基层社和社有企业监督的职能弱化。基层社和社有企业人员不足，社有企业“三会一层”机构不健全，存在监事会监事兼任企业经营管理职务的情况，不符合《中华人民共和国公司法》的相关规定。

（二）监事会制度建设不完善

通过调研发现，全市供销社监事会都围绕监事会工作制定了相关制度，但是在制度建设上还存在不完善的地方。一是制度可操作性不强。部分供销社在制定相关制度的过程中，没有进行深入的调查研究和有效的结合实际，导致各项制度上下一般粗，在实际的操作过程中没有明确的措施要求。如各县区制定了《监事会调查研究制度》和《监事会社情民意联系点管理办法》，由于措施要求不明确，因此相关工作开展不到位，调研成果和社情民意信息报送质量不高。二是监事会制度建设滞后。调查显示，由于没有及时修订完善监事会监督审计制度相关制度，因此县级以下供销社监事会对专业审计人才培养力度不够，对基层社和社有企业财务资金审计和项目资金监管不到位。三是制度激励和惩治措施不明显。全市供销社监事会在制定相关规则制度的过程中，没有对贯彻落实相关制度制定相应的激励和惩治措施，导致制度在执行过程中的约束力和激励效果大打折扣。

（三）监事会制度执行不到位

全市供销社监事会由于人员、资金不足，在贯彻执行相关制度方面做得不够。根据

《监事会监督审计办法》要求，监事会要将每年度审计工作开展情况进行总结，并形成审计报告书。由于缺少专业审计人才，各县（区）供销社监事会存在审计次数较少、审计质量不高，年度审计报告书中没有全面反映当年监事会监督审计工作情况等问题。此外，部分基层社和社有企业没有严格按照《监事会工作规则》和《监事会会议制度》定期召开会议，研究部署监事会工作。由于监事会制度执行不到位，监事会在监督审计、建言献策等方面作用弱化。

二、对策及措施

针对当前全市供销社系统监事会制度建设方面存在的问题，市社监事会决定从以下几个方面进行解决。

（一）进一步完善供销社“三会”制度建设

按照相关文件要求，进一步加强组织建设，提高全市基层社和社有企业监事会覆盖率。进一步推动社有企业健全“三会一层”组织机构建设，加大社有企业监事会监事在社有企业管理方面的监督力度。认真总结基层单位派出监事的经验做法，结合供销社综合改革“县基合一”做法，推动县级供销社整合系统内财会和审计专业人才，由县级供销社统一管理，选派到基层社和社有企业任监事，保障监事会工作顺利开展。

（二）加快建立健全监事会相关制度

市社监事会将按照“不忘初心、牢记使命”主题教育要求，把建立健全监事会相关制度作为当前的一项主要工作。按照“三会一层”组织机构建设的要求，结合各地实际，修订完善相关工作制度，不断健全和完善监事会工作的制度体系。指导各县（区）供销社进一步完善相应制度，及时调整不适应形势发展变化的制度办法，提高制度的约束力和可操作性，从而更好地适应新时期监事会工作的需要。

（三）创新监事会监督体制机制

围绕监事会制度建设，积极探索具有合作经济组织特色的监督机制，通过健全监督管理制度，不断完善监事会与纪检监察、审计、财务等部门的协同监督机制，进一步发挥好监事会职权。总结推广监事会监督预警经验做法，使监事会监督工作贯穿企业管理事前、事中、事后全过程，确保社有资产保值增值和项目资金使用管理安全。

（四）强化制度执行监督管理

进一步抓好各项制度的贯彻落实，通过定期了解掌握各项制度贯彻执行情况，督促各县（区）供销社、基层社和社有企业监事会按照相关制度开展工作，确保各项制度得到贯彻落实。加大监事会人才队伍建设力度，通过组织参加各类审计、财务、信息报送培训班等途径，不断提升监事会人才的专业技术水平，提高监事会工作人员履行工作职责的能力，推动供销社监事会工作取得新成效。

资料来源：钦州市供销社监事会制度建设的主要做法、存在问题及对策措施[EB/OL]. 广西壮族自治区供销合作联社网，2019-12-09.

思考

供销合作社为什么要建立“三会”制度？当前供销社“三会”制度还存在哪些问题？你有哪些对策、建议？

课后习题

一、单项选择题

1. 供销合作社的办社宗旨是什么？（　　）

A. 为农业、农村、农民提供综合服务

B. 占领农村市场、增强企业实力

C. 为全体供销社员工谋取利益

D. 为城乡弱势群体服务

2. 供销合作社常务理事会会议须有________以上常务理事出席方可举行，会议决议须由全体常务理事过________通过方为有效。（　　）

A. 三分之二；半数　　B. 三分之一；半数

C. 四分之一；三分之一　　D. 半数；三分之一

3. 供销合作社的最高权力机关是（　　）。

A. 监事会　　B. 理事会

C. 供销合作社代表大会　　D. 常务理事会

4. 供销合作社的监督机构是（　　）。

A. 监事会　　B. 理事会

C. 供销合作社代表大会　　D. 常务理事会

二、论述题

1. 为什么说供销合作社的问题实质上是农业、农村、农民问题？

2. 供销合作社与其所属企业是什么关系？

3. 加强基层供销合作社建设的意义是什么？

实训任务

1. 4～6 人为一组，收集整理 1995 年至今的《中华全国供销合作总社章程》，通过电话调研等方式，综合分析各阶段章程修订的必要性，绘制思维导图，厘清章程内容的变化情况。

2. 团队实训考核评价。

实训考核评价表如表 1–1 所示。

表 1–1　实训考核评价表

组别	考核点							总分
	资料翔实	逻辑清晰	文字流畅	观点明确	调研深入	团队合作	其他方面	
第 1 组								
第 2 组								
第 3 组								
……								
第 n 组								

第二章

供销合作社的发展历程

学习目标

知识目标

通过本章学习，你应该：

1. 了解国外合作社思想的概况。
2. 掌握罗虚戴尔公平先锋社的办社原则。
3. 掌握合作社在抗日战争时期的重要作用。
4. 了解供销合作社的诞生背景和发展历程。
5. 了解新生的供销合作社的发展历程和改革成效。

素质目标

通过本章学习，你应该：

1. 形成公平、民主、协作、合作的精神素养。
2. 形成不忘初心、为民为农服务的担当精神。
3. 形成百折不挠、勇于奋进的向上精神。
4. 形成在新时代奋发作为、勇于创新的改革精神。

导入案例

北京大学消费公社：中国第一个合作社

1918 年 3 月 30 日，我国第一个合作社——北京大学消费公社在景山东街 42 号成立。北京大学早在清朝末年就开设“产业组合”课程，在师生中孕育和传播合作社思想。1917 年北京大学法科教授胡钧在校刊载文倡导建立合作组织，同年 12 月 29 日召开有各科师生 60 余人参加的筹委会，通过章程，办社宗旨是为本校教职员及学生服务，以社员购得价廉物美的物品为目的。

1918 年 1 月 8 日，经校长批准把景山东街 42 号房屋拨给合作社作为售货处，并开始招股集资，到 3 月 8 日，招股 438 股，每股 5 元，共计 2 190 元。同年 3 月 30 日举行大会，公推胡千之为临时主席，由胡钧教授代表蔡元培校长致辞，北京大学消费公社正式宣告成立，并于当日开始营业。业务经营分图书、杂货两个部。社员凭证购货，可享受优惠，并可记账支取物品，每人限额 2 元，一个月内归还。公社半年结算一次，净利 30% 为公积金，20% 为办事人员酬劳金，50% 为社员分红。该社虽存在时间较短，但由于属于首创，尤其是在消费合作社方面，因此在我国合作社运动史上占有重要地位。

早期民办的消费合作社还有成立于 1922 年 6 月的上海职工合作商店、1922 年 10 月的同孚消费合作社、1923 年 1 月的武昌时中合作书报社、1923 年 3 月的宁波第一消费合作社、1923 年初的湖北仙桃镇消费合作社、1926 年 4 月的上海消费合作社等。

资料来源：北京大学消费公社：中国第一个合作社 [EB/OL]. 中国供销合作网，2008-08-27.

◎**案例思考：**任何事物的产生和发展都有历史背景且受现实价值驱动。消费合作社在我国最高学府产生并向全国发展，其背后蕴含着什么样的精神内涵和现实价值？

第一节　早期的合作社思想

一、国外的合作社思想

（一）乌托邦：近代合作社思想的本源

一直以来，人类就追求一个人人平等、物质富足、没有战争、没有剥削的理想世界。世界各国的思想家都在为了这一目标而努力，并且超越现实社会，对不可能最终实现的、终极的社会理想状态进行思考、设计和努力。以我国著名教育家、思想家孔子为代表的儒家思想，就有关于“人人为公”的理想社会的构想，并为之而努力，力争实现“天下大同”。与之类似，西方国家的思想家也希望打造一个没有战争、没有剥削、没有等级差别、没有尔虞我诈的和平乐园。虽然在很多人看来，这样一种思想和努力，是空想、不科学、异想天开的，是脱离实际且不可能实现的。但正是这样的一种思想和努力，激起了生活于社会底层的劳动者对新生活的崇敬和期待，并为以合作互助为核心精神的合作社的发展，提供了思想启蒙、方向指引和实践鼓励。

欧文和新和谐公社

随着工业化的发展和资本主义的兴起，打造一个乌托邦社会的思潮日益对经济社会产生影响。欧洲封建制度崩溃后，随之而来的是工业化日益发展和资本主义越发兴起，重商主义成为政治和经济社会发展的主流，原来的阶级划分被新的阶级划分所取代，以资本家阶级和工人阶级为鲜明代表的阶级关系，成为欧洲社会新的社会矛盾。一方面，资本家为追求利润最大化，通过工厂制度压榨工人，攫取工人劳动的剩余价值，工人生存环境窘迫，劳动不仅不意味着光荣，还可能给工人塑造一种衣衫褴褛、无知无识的形象。另一方面，工人在资本家的压迫之下开始觉醒，产生摆脱压迫、争取权利的诉求。而工人的痛苦而悲惨的生活，引起了一批社会活动家和思想家的同情。他们对资本主义进行深刻的反思，强调私有制是社会矛盾产生的根本原因，并通过各种形式揭露资本主义制度的弊端，提出应通过废除私有制来构建一个没有剥削和贫困的理想社会。这些社会活动家和思想家提出的理想社会构想，以英国空想共产主义者托马斯·莫尔的乌托邦、意大利文艺复兴时期空想社会主义者托马斯·康帕内拉的太阳城等为典型。尤其是莫尔所描绘的人人平等、人人相爱、人人劳动的完美的未来社会模型，成为人类世代向往的乐园。这些早期思想成为合作社思想的重要源泉。

课堂延伸

空想社会主义的产生和发展

乌托邦（Utopia）是莫尔发明的词，本意是“没有的地方”，延伸为理想的国家、难以实现的理想、空想的国家，后来成为“空想社会主义”的代名词。

《乌托邦》这本书分两部分。在第一部分，莫尔借航海家希斯拉德之口断言，私有制是万恶之源，认为如果私有制继续保存下来，大多数人类都会被永远地压在痛苦难逃的重负之下。在第二部分，莫尔描绘了乌托邦这个与世隔绝的幸福岛国：在这里，财产公有，物资取之不尽，家家户户都可以免费领取所需要的东西，从来不受数量限制，但是也从来没有人多领；人们一起吃食堂，住房每10年抽签调换一次，小孩子必须上学接受知识和品德教育；所有人都参加劳动，每天工作6小时；人们之间没有贫富差距，金银在这里受到鄙视，只能用来做马桶与罪犯身上的枷锁。

空想社会主义学说，以莫尔的《乌托邦》为开山之作，到今天已有500余年的历史。在这500余年里，乌托邦已经成为空想、完美、追求的代名词。正因为有了乌托邦，才有了后来活跃在欧洲、美洲的一大批空想社会主义者。

从16世纪初到17世纪，空想社会主义者用文学的语言批判资本主义带来的各种灾难和罪恶，阐述他们对理想社会的构想。18世纪，空想社会主义者从法理角度批判资本主义私有制，以法律条文的形式阐述他们所设计的未来理想社会的基本原则。

进入19世纪，随着资本主义进入机器大工业阶段，生产力快速发展，资本主义内在矛盾日趋激化，无产阶级和资产阶级之间的斗争也更加激烈，空想社会主义的发展达到了一个新的高峰，出现了圣西门、傅立叶和欧文等一批杰出代表人物。

从乌托邦到新和谐公社，人类在空想社会主义的道路上前赴后继地艰辛跋涉了300多年，留下了一曲曲动人心魄的空想悲歌。

空想社会主义者对无产阶级抱有深切的同情，揭露和批判了资本主义社会上层统治阶级的腐败和残暴，对未来的美好社会进行了精心构思和设计，提出了一系列重要的思想观点。例如：他们主张废除私有制和雇佣劳动；改变资本主义分配制度；消灭商品交换；把国家变成纯粹的生产管理机构。这些都为后来科学社会主义的诞生提供了丰富的资料和启示。但是因时代条件和无产阶级自身发展阶段的局限，空想社会主义者没有发现人类社会发展的规律，没有找到消灭资本主义社会所依靠的力量。他们的社会改革方案无一不遭到无情嘲弄，他们所做的共产主义试验无一不以失败告终。

尽管这样，马克思、恩格斯还是高度赞扬空想社会主义者，特别是19世纪三大空想社会主义者的成就。虽然这三个人的学说中含有虚幻和空想的性质，但他们终究是属于当时时代最伟大的智士之列的。他们天才地预示了我们现在已经科学地证明了其正确性的无数真理。

思考

乌托邦的理想对合作社的产生和发展有什么价值？

（二）从理想到现实：罗虚戴尔公平先锋社思想

1. 罗虚戴尔公平先锋社思想的内容

随着资产阶级和劳动者矛盾的日益激烈，欧洲劳动者越发受到压迫，生活状况逐渐恶化，有效保障自身的生活物资供应，成为他们的迫切需求。正是在这样的背景下，劳动者开展了自我解救的探索之路。建立互帮互助的合作组织，进入劳动者的视野并逐步发展。随后，全球第一个成功实践的合作社——罗虚戴尔公平先锋社在英国诞生。

罗虚戴尔公平先锋社成立的初始目标在于向劳动者出售食品及其他生活必需品，以保障劳动者基本的生活。随着社员的不断增加和需求的不断多样，罗虚戴尔公平先锋社的功能不断拓展，逐步扩大到社员从事工业、农业、加工、制造以及生产所需的各种物品的工作，并提供教育服务。

为了有效明确罗虚戴尔公平先锋社的宗旨，促使其良好运行，成立之初，罗虚戴尔公平先锋社就制定了一套切实可行、公平合理的办社原则，具体可以归结为自愿、一人一票、现金交易、按市价售货、如实介绍商品、盈余按购买额分配、重视对社员的教育等。

（1）自愿。

劳动者为了改善自身境遇而实践发展的合作社，资本家则将其视为自身利益的破坏力量，反对其发展并攻击谩骂。当时罗虚戴尔公平先锋社的运行，依靠每人每周节省两便士集资入股的办法来维持，但劳动者本身的生活状态十分困难，如果采取非自愿的方式，不仅与创办罗虚戴尔公平先锋社的初始宗旨相违背，也会进一步造成部分劳动者的生活状况雪上加霜。同时，罗虚戴尔公平先锋社的成立，就是通过聚合广大劳动者的力量，互帮互助，以维护社员的共同利益为目标，最终提升社员的生活条件和社会地位。可见，自愿是罗虚戴尔公平先锋社办社的基础，而互利是办社的目标，即自愿是办好合作社的根本原则之一。

（2）一人一票。

罗虚戴尔公平先锋社的良好运行，就是要发挥和尊重每一个社员，通过建立人人平等的管理机制，以实现合作社的有效运行。在合作社的管理机构中，社员（代表）大会被认为是最高权力机构，也是最高权力机关，合作社一切重大事项都必须经社员（代表）大会讨论决定，合作社管理人员由社员（代表）大会选举产生。为了进一步体现合作社人人平等的运行机制，在社员（代表）大会表决时，不论每个社员（代表）拥有多少股份，或经济水平上有何差异，都只有一票的权利，而最后决策结果根据票数确定。这样的一种安排，不仅能保障社员（代表）之间具有相等的权利，也有利于避免合作社发展过程中出现少数人控制合作社的情况。

（3）现金交易。

在当时劳动者群体生活境况不佳的情况下，赊账消费十分流行，甚至成为一种不良风气。但这种赊账消费的习惯和风气，会危及罗虚戴尔公平先锋社的运行和发展。罗虚戴尔公平先锋社需要充足的资金周转，以有效保障物资的采购和供应。由于罗虚戴尔公平先锋社本身并不盈利，赊账消费行为将直接导致其流动资源枯竭。因此，为了维持自身的良好运行，也为了改变当时赊账消费的不良风气，罗虚戴尔公平先锋社规定无论在何种情况下，任何人不能以任何借口不用现钱交易，不准赊入货物，也不准赊出货物，如有违反，将进行处罚。

（4）按市价售货。

在不盈利的目标下，货物如何定价成了当时罗虚戴尔公平先锋社内部讨论的议题。而定价思路有两种：一种是直接在采购价基础上，加成必要的股息和其他成本，进而直接让社员从购货中得到优惠；另一种是直接按照市价定价并获得盈利。而对于盈利，在扣除必要成本，提取公积金、公益金和教育基金后，剩余的按社员购买额的比例进行分配。两种思路的差别在于，后一种思路能够明显增强社员的凝聚力，也能减轻合作社在运行过程中的资金压力，防止合作社因为出现资金问题而失败。因此，罗虚戴尔公平先锋社采取了按市价销售的定价思路，进而增强了社员的凝聚力，促进了合作社经济力量和福利事业的发展，提高了合作社的威信和社会地位，也利于日后将合作社的业务向社会拓展。

（5）如实介绍商品。

在当时的社会中，利益至上的思想具有重要影响，而不讲诚信、欺瞒经商等现象普遍存在。因此，具有非营利和互帮互助性质的罗虚戴尔公平先锋社规定，应如实向社员介绍商品情况，保证商品质量，不弄虚作假，不缺斤少两，树立诚实的商业作风。这不仅是合作社成立的初衷，也是为了更好地服务社员。

（6）盈余按购买额分配。

在按市价售货原则的导向下，如何科学分配盈余成了难题，而按购买额分配成了科学有效的选项。在具体操作过程中，社员平时须凭购货本购货，并由售货员登记，到一定阶段进行一次结算，具体的盈余分配方案，依照“某社员应得红利 =（盈余 – 必要扣留）÷ 售货总额 × 某社员购买额”的逻辑进行。之所以如此，是因为合作社的盈利和发展源自社员在合作社的购买，购买越多，对合作社的贡献越大。通过按购买额分配盈余，实现了对社员贡献度的科学评价，也把社员的利益和合作社的利益紧密地联系在一起，使社员更加关心合作社的经营成果，这正是合作社的生命力所在。

（7）重视对社员的教育。

罗虚戴尔公平先锋社为了提高社员的文化知识和思想修养，在先驱格林伍德的倡导下，根据合作社的经济力量，逐步创办和发展了文化教育事业。

2. 罗虚戴尔公平先锋社思想的意义

（1）罗虚戴尔公平先锋社真正将空想社会主义的思想进行了实践和发展。

一直以来，空想社会主义思想是让人着迷但不可触及的构想。尤其随着欧洲工业社会发展和资本主义日益占据主流，空想社会主义思想日益为贫苦群众所期待。同时，空想社会主义者倡导通过合作社改善劳动者的生活境遇，这引起了资产阶级的排斥，并把合作社当作一种异己排除在外。罗虚戴尔公平先锋社的出现，从消费合作社起步，发展到从事生产经营和批发业务，有力地抵制了商人的盘剥，逐步将空想社会主义思想变成了现实。同时，罗虚戴尔公平先锋社避免了空想社会主义在政治上的激进性，而以致力于弱者的生产自救为发展目标，这种务实的结社维权理念所具有的协调性使得资产阶级政府对合作社的敌对态度发生了根本性的转变。1852 年英国议会通过了关于合作社的法律，合作社走向了政府认可、支持的法制道路。

（2）罗虚戴尔公平先锋社有效实现了个人主义与集体主义的均衡。

在资本主义社会，人人主张个人的利益追求，强调尊重和保障人的自由权、财产权等权利。而空想社会主义者则对资本主义社会持反对态度，他们蔑视私有财产的存在，企图超越商品经济，压制个人利益和个体追求，这遭到了资本家的强烈反对，造成了合作社理想发展的障碍。罗虚戴尔公平先锋社正视资本主义私有制的生长土壤，满足追逐个人利益的人性需求，以社员个人利益的实现为己任。同时，罗虚戴尔公平先锋社也强调团结互助、诚实信用的集体主义道德准则，其“一人一票”“盈余按购买额分配”“重视对社员的教育”等办社原则，诠释了合作社的发展离不开社员共同协作通过联合行动和责任共担达到利益共享的价值理念。正是在这样一种办社理念和办社原则下，罗虚戴尔公平先锋社把社员的利益与合作社发展紧密结合，较好地在个人主义与集体主义之间寻得了结合点。

（3）罗虚戴尔公平先锋社充分尊重并体现了劳动者的贡献和价值。

空想社会主义直接将矛头对准了资本主义，反对资本家对劳动者的剥削，努力消除劳资价值分配严重不公平的现象，反而造成劳动者被资本家更严重地打压和剥削。罗虚戴尔公平先锋社则将视角聚焦到了如何团结、改善和提升劳动者群体生活境遇的现实问题上，通过“一人一票”的民主管理原则，充分尊重劳动者的个人价值、社会价值，劳动者通过发展合作社改善了自身境遇，有效杜绝了资本对劳动的控制，更是树立了劳动也是财富源泉的价值理念。

罗虚戴尔原则新的发展

课堂延伸

罗虚戴尔公平先锋社的诞生

罗虚戴尔镇位于兰克夏和约克夏的边缘地带，距离重要的工业城市曼彻斯特约 40 千米，这里是英国的纺织工业中心地区。当时，该镇人口有2万5千多，周围有4万多居民。这里手工纺织业非常发达，出产毛纺织品和法兰绒已有几百年历史，在英国久负盛名。

1820 年，该镇的工厂主买进了第一部棉纺织机，以后陆续引进了多种纺织机械。资本主义的机器大工业给手工业者带来了巨大的威胁，那些凭借手工技巧谋生的小生产者无法与使用机器的资本家工厂竞争，相继破产失业。这些手工业者为了维护生存的权利，曾经发起一些捣毁机器的暴乱行动，但都遭到政府军队的镇压。为了生存，这些手工业者不得不丢弃原有的手工技术，到资本家的工厂里做工，成为现代工厂制度的“俘虏”。随着失业者的增多，游离于劳动市场出卖劳动力的人数越来越多，劳动市场的供求关系发生了明显变化，从而使劳动力的价格日益下降。

在纺织厂工作的工人工资开始约为 1 镑，到了 1840 年降到 7 先令左右，女工只能拿到男工的 1/3，即 2 先令 6 便士。同时，工厂大量使用廉价的童工。不仅如此，工厂主常常以到指定商店购物的购货券代替工资现金，那里不但商品质量差，而且价格较高，这就使工人获得的实际工资更低。工人在这里受到了双重的剥削，一是工厂主的剥削，二是商业资本家的盘剥，这就使他们的生活状况日益恶化。当时英国下议院一位议员的报告称罗虚戴尔镇是“饥饿之城”。

为了改变自己的这种处境，罗虚戴尔镇的工人举行了一些罢工斗争，目的是推动工厂立法，推行 10 小时工作制，反对降低工资。但是由于当时的工人阶级还处于自发的经济斗争阶段，作为工人阶级争取彻底解放的政治思想武器——科学社会主义还没有产生，所以这些斗争没有取得多大成果。这时，一些工人运动的领导者，决定利用工人自己的力量，组织消费合作社，以解决工人群众的生活困难。

1843 年罗虚戴尔镇的 13 名工人发起组织合作社，定名为罗虚戴尔公平先锋社。经过长期的讨论，他们提出一套成立合作社的计划，并决定筹集股金，自愿入社者每人缴纳 1 镑。到 1844 年决定参加合作社的人数已增至 28 人，共收股金 28 镑。于是，他们在 1844 年 8 月 11 日举行了成立大会，通过了合作社章程。同年 10 月 24 日合作社核准登记，12 月 21 日正式开始营业。

资料来源：周连云，耿建利．罗虚代尔公平先锋社——对经典合作社的历史回顾 [EB/OL]. 中国供销合作网，2008-08-29.

思考

罗虚戴尔公平先锋社为什么能成功？其思想对我国社会主义建设有什么启示？

（三）共产主义：马克思合作经济思想

在全球合作社发展历史中，除罗虚戴尔公平先锋社对合作社运动产生重要影响之外，另一种旨在通过合作社实现对社会改良的思想也值得关注，即马克思合作经济思想。马克思认为通过合作社能实现对资本主义社会的改良是夸大的，应将合作社看成对资本主义社会改革的重要力量，最终应通过合作社实现从资本主义社会向共产主义社会迈进。

因此，马克思在《资本论》《国际工人协会成立宣言》《法兰西内战》《哥达纲领批判》等论著中，既论述了空想社会主义思想关于合作社是改造资本主义制度社会工具的思想，又批判了资本主义制度下合作社运动改良主义者，并提出了马克思合作经济思想。

1. 重视生产合作

马克思极为重视经济发展对社会的重要性，认为经济基础决定上层建筑。因此，不同于空想社会主义，马克思合作经济思想的重要内容，即重视生产合作。具体来看，马克思认为合作社对于从资本主义向社会主义过渡具有重要的意义。因此，马克思认为，相比于以供销合作和消费合作为主的已有合作社实践，应重点发展以生产合作为主的合作社实践，进而在现代的社会化大生产背景下产生的工厂制度基础上，形成一种新的社会生产方式或生产制度。

2. 坚持自愿原则

马克思认为生产产生的价值，来自劳动者的剩余价值。因此，马克思合作经济思想，就是构建以工人为主体的经济组织，彰显工人的权利和地位。因此，马克思坚持自愿原则，通过教育农民、典型示范等手段，使他们实实在在地看到合作社的好处，主动走上合作之路，而不是采取直接掠夺等不正当手段。

3. 注重形式多样

马克思重视合作社的所有制形式，并且认为合作社的所有制形式应该是多样的。从合作社与外部生产资料的关系来看，合作社既可以是建立在土地国家所有制基础上的，也可以是建立在土地集体所有制基础上的，关键要根据各个国家实践的基础条件和阶段需要。从合作社内部的经济关系来看，分配关系可以是公有制、私有制、混合所有制等各种形式，既可以按劳分配，也可以按劳分配和按资本分配并存，但是反对纯粹的按资本分配。

4. 分配方式多元

合作社既不实行按劳分配，也不实行按需分配，而是按入股土地、预付资金和所出劳动力的比例分配。

课堂延伸

苏联农业集体化

1926 年以后，苏联出现粮食危机，1927 年 12 月 2 日召开的联共（布）第十五次代表大会，作出了尽快发展农业集体化的决议。1929 年 11 月，联共（布）中央决定加快农业集体化的速度，向各州提出了全盘集体化的任务。

实行集体农庄。初期，苏联的集体农庄有三种形式：（1）农业公社。生产资料与生活资料公有，实行按需分配，实际上是平均分配。（2）共耕社。社员在播种、中耕、收获时共同劳动，生产资料（除土地外）仍归社员私有。（3）农业劳动组合。基本生产资料为集体所有（土地属国家所有，但拨给农业劳动组合永久使用），加入劳动组合的成员从事集体劳动，实行按劳分配，同时允许农民保留一定数量的宅旁园地，经营家庭副业。但直到全盘集体化运动前夕，苏联的集体农业仍为数甚少。

苏联的农业集体化是工业化运动的继续，是苏联社会主义建设事业的重要组成部分，是一场深刻的农业社会主义革命。苏联富农阶级被消灭，农业生产方式完成了由个体小农经济向集中的大生产的转化，农业由原来的经济生产部门变为听从党政机关指挥的部门。这一变化为社会主义工业化的实现提供了条件。它使城市居民的粮食供应和工业原料的供应得到了一定的保障，为工业发展提供了资金和劳动力。

思考

马克思合作经济思想对我国的合作经济事业发展有哪些借鉴意义?

(四)实用主义:经济价值优先的合作社思想

在合作社受到马克思主义重视,以期通过发展合作社实现对资本主义的改造,并实现社会主义发展的同时,合作社也受到了资本主义的重视。这种重视,不同于罗虚戴尔公平先锋社等资本主义制度下工人自我组织和自我改善的组织实践,也不仅仅是资本主义为了消除或协调劳动与资本、生产者与消费者之间的利益冲突,而是体现了合作社对资本主义市场经济发展的价值。这种价值体现在,资本主义发展合作社,不仅能够发挥合作社协调劳动和资本紧张关系的作用,还能够促进资本主义农业经济的发展。

对资本主义市场经济来说,农民等弱小财产所有者亟须得到保护和发展,这是巩固资本主义政治稳定性的需要。而农民等弱小财产所有者面临的问题在于,面向资本主义市场经济发展,如何改变个体经济弱势地位,增进社员的经济利益,提升市场竞争力。而合作社的价值在于,通过要素的合作和风险的共担,可以实现合作社内部的互帮互助,促进生产的规模化发展,提升农民等弱小财产所有者的话语权和市场地位,也能帮助农民等弱小财产所有者参与竞争激烈的外部商业,并在竞争中取得优势。而在这种保护和发展农民等弱小财产所有者的过程中,资本主义内部的矛盾得到了缓解。应该注意的是,这种资本主义内部矛盾的缓解,与马克思合作经济思想有着本质的区别。实用主义的合作社实践,本质上是资本主义制度内部的财富重新分配和权利关系重构,是资本主义的改良发展。

实用主义的合作社实践主要集中在美国。因历史原因和文化原因,美国的合作社实践受到罗虚戴尔公平先锋社实践的影响,但又没有照搬罗虚戴尔公平先锋社的思想和原则。原因在于,由于合作社思想在美国受到重视时,美国的资本主义市场经济思想已深入人心,实用主义成了合作社实践发展的价值观土壤,因此,美国一开始就将合作社当成其资本主义生产链条上的一种生产组织形式,一方面用于解决社会弱势群体的实际困难,缓解资本主义发展过程中出现过于鲜明的劳资矛盾问题;另一方面用于推动美国农业经济的发展,改善和提升农民的经济境遇,并在政治上获得农民的支持。同时,美国也形成了以萨皮罗和诺斯等多个合作社学派为代表的思想流派。

课堂延伸

深耕农村沃土 助力农民增收——二甲镇高德农产品专业合作社

回乡创业，探索发展现代农业

大学毕业后，李维杰曾在浙江闯荡了两年，经过一番历练与积累，出于对家乡的眷恋，他作出了一个重要决定——返乡创业。通过对农业市场行情的分析，2016年3月，李维杰带领4名农民在二甲镇成立了高德农产品专业合作社，流转600余亩土地建设高效设施农业，正式开启了创业之路。为了扩大经营，2018年5月，李维杰又流转土地100余亩，投入600余万元建设现代生态农业产业园，种植精品果蔬。

自合作社成立以来，李维杰积极探索现代农业发展之路，通过不断积累经验，摸索出了一套自己的种植技术和管理模式。通过“企业＋合作社＋农户”的农业经营模式，严把农产品质量关的工厂化种植模式，以及线上线下相结合的多元销售模式，合作社取得了较好的收益。

传播技术，带动农民共同富裕

自己富不算富，大家富才是真的富。合作社成立后，李维杰首先想到的就是附近的村民。在他的带动下，周边100多名村民先后加入合作社，实现了从种植散户到职业农民的转变。在掌握先进种植技术后，李维杰又热心地把技术传授给村民，帮助村民掌握科学的种植方法，助力村民增产增收。为了带领村民共同致富，李维杰一有空就到附近的田间地头指导种植，还统一提供种子、肥料，收购群众种的蔬菜，为大家解决后顾之忧。对于外来务工的低收入户、贫困户、轻度残疾人，李维杰还给予一定的工资上浮，并且连续三年出资为周边100多名60岁以上的农民投了“安康保险”。在他的带动帮扶下，通运桥村有54户贫困户成功脱贫，160余名群众实现大幅增收，真正实现了拓宽农民致富渠道，助力全面乡村振兴。

持续耕耘，积极助推乡村振兴

经过多年努力耕耘，高德农产品专业合作社荣获“省级示范合作社”“省级园艺标准园”“通州区二甲镇老区宣传和文化扶贫工作先进集体”等称号，李维杰本人也获得了“江苏省乡村振兴青年先锋”“南通市新型职业农民标兵”“通州区青年农民创业之星”“通州区农业乡土人才”等称号。

“习近平总书记曾强调，要把产业振兴作为乡村振兴的重中之重，积极延伸和拓展农业产业链，培育发展农村新产业新业态，不断拓宽农民增收致富渠道。总书记的讲话，为我们新农人未来的农业发展之路指明了方向。”李维杰表示，他将继续带领周边农户撸起袖子加油干，积极探索现代农业发展之路，深化“企业＋合作社＋农户”的农业模式，在做大做强企业与合作社的同时，让群众得实惠，带乡亲共致富。

资料来源：【走向我们的小康生活】从创业到帮扶，南通通州90后小伙把广阔田野变成脱贫战场[EB/OL]. 南通网，2020-10-18.

思考

我国的合作社发展与国外的有什么异同？

二、抗日战争时期的合作社思想

马克思主义对中国的革命运动产生了重要影响，并直接影响了中国共产党的诞生和发展。因此，马克思合作经济思想，也受到了中国共产党的重视，在抗日战争中发挥了重要作用，成了革命根据地建设的重要力量。

（一）合作社是助力抗战胜利的重要力量

为了助力抗战的胜利，陕甘宁边区革命政府《边区通讯》1938年10月刊登的《陕甘宁边区合作事业》一文的编者按指出：合作社在抗战时期的作用，表现在以下几点：第一，边区合作社组织在抗战时期的确起了很大作用——不仅是单纯的经济作用，而且成为动员群众、支援抗战的主要机构之一。第二，边区合作社的基础，是切实地建筑在广大群众上面，合作社是工农自己的和被压迫被剥削阶级的。所以，合作社能够切实地改善他们的生活，帮助了抗战。第三，合作社运动，是在整个社会关系发展中求得发展的，并对合作社提出希望，在“管、教、养、卫”各个工作部门配合一致，密切联系，共同发展，这是非常正确的。

革命根据地消费合作社股票发行及其作用

1. 合作社是助力经济发展的重要手段

为推动边区经济发展、为取得抗战胜利提供有力的物资支持，1939年，《为实现抗战建国纲领而奋斗》发布。纲领明确指出，区、村经济活动，一切通过合作社，这是我们合作社运动的最高目标。因此，村村都要有合作社，要建立各种各样的合作社，主产什么就成立什么合作社。

2. 合作社推进了抗战方针的有效制定

随着抗战进入相持状态，党中央精准指出要做好打持久战的心理准备，直至抗战进入反攻阶段，并取得最终的胜利。而相持阶段取得胜利的关键，在于有效组织生产和推进经济发展。因此，1939年10月，陕甘宁边区合作社召开第一次代表大会，并围绕当前的抗战形势判断形成了相应的合作社发展决议。决议指出，当前合作社的主要任务，就是有效组织边区生产的开展，推进边区经济的发展，巩固边区经济基础，扩大经济物质实力，有效实现对敌人经济封锁的粉碎。相应地，边区政府明确了合作社发展的三条方针：一是发展生产合作社，使产量增加与质量改善，向前发展；二是整理与扩大消费合作社，加强其作用，在经济上成为团结及教育人民的经济组织；三是建立信用与运输合作社，便利农民借贷，助力农产品及土特产品流通，以调剂广大人民的生活。

3. 合作社运动印证了合作社思想的正确性

经过实践发展，合作社不仅在政治组织上发挥了重要作用，更是有力推进了经济计划的有效实现。合作社运动的重要作用得到了印证。晋察冀边区行政委员会 1939 年以《论合作社运动》为题发的第 20 号指示信指出：怎样加强我们政治上的组织力量？怎样加强我们经济的计划性？方法是多种多样的，合作社运动就是重要的方法之一，尤其是经济方面。合作社事业是用经济关系组织民众的手段，是用经济促进民主政治的手段，是利用经济组织防止汉奸活动的手段。因此，合作社思想不仅仅具有鲜明的现实价值，还与共产党为了实现共产主义奋斗目标相符合。

课堂延伸

中国共产党与抗战时期的工合运动

1938 年 8 月 5 日，随着中国工业合作协会在汉口的建立，一场以争取国际援助为重要途径，以创办工业、手工业合作社为主要形式，以“适应抗战建国，发展合作事业，增加生产，树立工业基础，促进民生主义之实现”为宗旨，以组织失业工人、流亡难民、伤残军人和抗战军属开展生产自救和支援中国长期抗战为主要内容的工业合作社运动，即工合运动，在国际友人路易·艾黎的倡导和推动下，迅速发展起来。而中国工业合作协会第一个地区办事处——西北办事处则是由中国工业合作协会派遣的卢广绵与工合指导员、上海技工孙夏威首先在原宝鸡县城西门里路南（今中山西路）正式建立的。随后，由 7 个铁匠集资 140 元、中国工业合作协会提供贷款 1 200 元作为资本，在卢广绵支持推动下组成的中国工业合作协会第一个工业合作社——天星大华手工铁器社，在宝鸡建立。中国工业合作协会西北办事处及天星大华手工铁器社的建立，标志着这场酝酿于上海，形成于武汉，首先在宝鸡启动，而后在全国多地开展的经济救亡运动正式发展起来。中国工业合作协会在建立发展过程中，始终得到了中国共产党的指导帮助。工合运动的发展对抗日战争的坚持及最终取得胜利，发挥了非常重要的作用。

回顾中国共产党与中国工业合作协会相互合作、相互支持的历史，缅怀中国工业合作协会在抗战时期创造的辉煌业绩，我们应该发扬中国工业合作协会倡导的“努力干一起干”的精神，以昂扬奋进的姿态投身建设社会主义现代化国家新征程，撸袖实干，砥砺前行，谱写新时代发展的新篇章！

资料来源：中国共产党与抗战时期的“工合”运动[EB/OL]. 大美陕西网，2021-04-20.

思考

合作社在抗战中的经验，对我国当前的建设有哪些启示？

（二）合作社发挥了反对封锁的显著作用

在抗日战争中，日军对边区进行经济封锁，给边区军民造成困难，合作社则在反封锁中发挥了显著作用。

1. 有效实现边区生产

面对日军对边区的经济封锁，1941 年 4 月，鄂豫边区第二次军政代表大会指出：敌伪在我边区大量倾销其伪货，并大批收买我物品，而一般奸商从中剥削，使市场物价高涨，影响人民生活匪浅，兹拟普遍发展边区合作事业，俾资调剂边区物品之供给，稳定市场，减降中间剥削，组织生产，以改善民生。因此，破解经济封锁的办法就是继续推进边区合作社事业的发展，构建由边区总联合社、县联合社、区联合社和乡联合社组成的合作社组织体系，进一步实现边区生产活动的有效组织。

在这样的定调下，合作社的发展目标进一步明确，即合作社的主要目标不是开展抗战，而是主要发挥组织生产的作用，以推动经济发展，为取得抗战胜利提供有力支持。因此，1941 年 8 月的晋察冀边区第二次经济会议指出，合作社的主要任务，就是减少中间剥削与满足经济需要，为取得抗战的胜利贡献个人的小的经济力量，最终促进边区的经济发展。

2. 有效粉碎敌人的经济封锁

当时，日军采取多种手段对根据地的经济发展进行封锁，目的在于削弱军队的物资供应，恶化根据地人民的生活状态，达到弱化我军战斗力和瓦解根据地人民信心的目的。具体来看，日军采取的封锁手段，包括采取封锁政策、采取倾销伪货政策、强收农产品、推行伪蒙疆钞票。

而合作社的发展，限制了敌人低价收买农产品，平衡了边区的物价水平，促进了法币在边区的推行，发挥了调剂和巩固金融的作用，最终有效粉碎了敌人的封锁政策。

3. 有效解决抗战的军事所需

为了有效支援抗战所需的物资，边区召开了合作社会议，并对合作社发展提出了四点要求。一是集合剩余产品，控制资金，换取敌占区的必需品。二是组织人力、物力，吸收游击区的物资，粉碎敌人的掠夺政策与封锁政策。三是组织人力、物力巩固边钞，打击伪钞。四是发展生产，实行自给自足。正是这样的政策，让合作社有效地组织了生产，提升了物资产出水平，实现了对敌人摧毁、掠夺、封锁、垄断政策的粉碎，有效支持了抗战的物资需求。

4. 有效解决群众日常生活需要

合作社的另一个重要价值，就是助力边区各个地区之间物资和产品的有效统筹。随着抗战形势的严峻，需要推进边区各个地区物资的调剂，共同发展，表现为由晋东北、雁北运粮食到晋西，由冀西收棉、土布运到晋西卖到雁北，深入游击区开辟市场，打通销路，团结游击区群众掌握游击区物资。因此，边区内部不仅要组织生产，还需要推进运销事业的发展。而合作社通过构建组织体系，有效实现了各个地区物资的联动和调剂，也推动了运销事业的发展，有效改善了边区人民的生活。

课堂延伸

陕甘宁边区如何突破国民党的经济封锁

当抗战进入相持阶段，蒋介石集团开始推行积极反共政策。国民党政府不仅停发八路军薪饷、弹药和被服等物资，而且动用几十万军队对陕甘宁边区进行严密封锁，禁止粮食、棉花、铁、布匹、食盐等必需品贸易，扣押、处罚运货商民。一时间边区遭遇了极其严重的困难，到了“几乎没有衣穿，没有油吃，没有纸，没有菜，战士没有鞋袜，工作人员在冬天没有被盖”的地步。党中央从全民族利益和党的事业发展全局出发，及时批评了“左”倾关门主义等错误倾向，积极开展反封锁斗争，采取有效措施破解了国民党的经济封锁。

陕甘宁边区经济困难刚显露时，毛泽东就在延安生产动员大会上发出“自己动手，丰衣足食”的号召，发动边区军民开展生产运动。后来，党中央再次强调必须走生产自救道路，号召一切部队、机关、学校自行种粮、种菜、养猪、打柴、烧炭、发展手工业，达到粮食、办公用费自给或半自给。针对以个体经济为基础、被敌人分割的、进行游击战争的农村环境，中央还制定了一系列具体方针：在公私和军民关系上，实行“公私兼顾”“军民兼顾”方针；在上下级关系上，实行统一领导、分散经营方针；在组织经济中，实行合作互助、生产竞赛方针。

中央领导人在大生产运动中以身作则、起带头作用。毛泽东在杨家岭窑洞下面开垦了一块地，种上了菜；周恩来带头学习纺线，在中央直属机关纺线比赛中被评为纺线能手；朱德组织一个生产小组，在王家坪八路军总部门前开垦了三亩荒地。他们的事迹鼓舞了广大军民，边区机关、部队、工厂、学校都开展了轰轰烈烈的大生产运动。八路军第三五九旅开进南泥湾实行军垦屯田，把昔日荒凉之地变成“粮食堆满仓，麦田翻金浪，猪牛羊肥壮”的“陕北好江南”。

资料来源：宋斌．陕甘宁边区如何突破国民党的经济封锁[N]．学习时报，2022-12-02（5）．

思考

合作社反经济封锁经验，对我国在经济环境不利境况下实现乡镇经济内生发展有何启示？

（三）合作社在渡过难关中展现了重要作用

在广大的边区，必然存在生活困难的群众。合作社的发展，实现了对弱势群体的有效链接和组织，并将这些弱势群体吸纳到生产运动中，既贡献了劳动力、提升了物资的产量，又提升了弱势群体的生活水平。

1. 优化了生产模式

由于长期进行农耕生产，加之战争破坏，边区的生产模式较为落后，技术水平和组织水平都较为低下，以农业生产方式为主，手工业等较为缺乏。因此，要有效推进生产模式变革，充分推进生产的增加。合作社的发展，使边区私人零散的资金得到了有效的聚集，劳动力得到了有效的组织，生产技术实现了有效的改良，生产实现了有效的发展，物资产出也得到了极大的充实。

2. 提高了生产效率

通过对边区群众的号召和动员，统一开展生产，部队、机关、学校等都以合作社为载体和平台，实现了心往一处想、劲往一处使，从而调动了群众的生产积极性，提高了劳动生产率，大大发展了生产，使敌后根据地困难境况得到了有效改善。1943 年 10 月，毛泽东在《论合作社》中指出：边区在发展生产上，又来了一个革命，这就是用合作社方式，把公私劳动力组织起来，发动了群众生产的积极性，提高了劳动效率，大大发展了生产。

课堂延伸

窑洞里诞生的合作社

刘建章是陕西佳县人，因家贫，他少时只读过一季冬学和两年小学。1913 年，为抵还父亲欠债，刘建章到绥德一家地主店铺当伙计。1915 年，刘建章逃到山西临县借钱做小本生意。1927 年佳县大旱，刘建章携全家逃荒到延安县南庄河落户。延安县城解放后，刘建章加入了革命队伍，并加入中国共产党。

1936 年冬，按照延安党组织的指示，刘建章在延安南区沟门参与创办全县第一个消费合作社，并担任会计。合作社成立之初，农民对入社并不积极。刘建章从亲友那里借了钱，到国民党统治的边境地区买回食盐、火柴、布匹、针线、鞋袜等日用品，然后背起包裹，挑起扁担，翻山越岭，走乡串村，一边把货物以低于市场价的价格卖出去，一边向群众宣传：谁加入合作社，合作社就卖货给谁，价格比市场价还低。他还收购群众生产的羊毛、皮革等到外地去销售。渐渐地，一些群众相信了合作社，入股者慢慢增多，第一批社员 160 人，入了 533 股，每股规定 3 角（苏票），收入股金 159.9 元。

1937 年 2 月，南区合作社营业部在沟门成立。但社主任王天金和会计刘建章发生了争论。王天金主张限制每人买货数量，刘建章则提出，为了扩大合作社的影响，发展合作社，不必限制。争论的结果，刘建章的主张得到了上级的支持，合作社也取消了对退股入股的限制。从此，南区合作社放手买货，发展股金，第二期结算时已有 969 元股金了。1937 年 3 月，刘建章被选为南区合作社主任。从 1937 年 6 月到 1938 年年底，南区合作社先后设立了骡马店、饭店，新建了一个营业部和一个分销处，试办了信用合作社，还开办了几个小型工厂，兼营生产事业。1939 年 10 月，延安县南区合作总社成立，刘建章被选为主任。

刘建章和社员们艰辛创业，使南区合作社成为陕甘宁边区的一面旗帜，多次受到中共中央和边区政府的表扬与奖励。在 1943 年 11 月举行的陕甘宁边区劳动英雄和模范工作者大会上，刘建章被评为陕甘宁边区特等合作英雄。在 1944 年 7 月边区合作社联席会议上，他再次被评为特等合作英雄。1946 年元宵节，毛泽东带着毛岸英视察南区合作社。毛泽东听了汇报后说："值得高兴的是，像刘建章这样的英雄模范，在我们解放区越来越多了，而且各条战线都有了自己的旗帜人物，工农兵成了我们这个时代有觉悟的主人。这是人民事业的胜利，也是历史在前进的一个重大标志。"

资料来源：马朝琦．话说延安精神 [M]．西安：陕西人民出版社，2017.

第二节　计划经济时期的供销合作社

一、供销合作社的诞生

随着1949年新中国的成立，我国经济社会的发展目标发生了变化，具体任务也有了新的要求。具体来看，一是广大农村地区还存在封建思想和制度，需要对其进行较为充分的社会主义改造。二是经过长期的抗日战争和解放战争，国家受到了极大的破坏，经济生产水平较为低下，物质较为缺乏，群众生活水平普遍不高。三是我国的国内外形势依然严峻，战争威胁依然是笼罩在我国头顶的乌云，亟须推进我国的工业化发展，以实现我国生产力水平的提升、军事实力的增强。

面对以上诸多挑战，党中央经过科学分析和研判，认为当前快速推进工业化发展是首要问题，而通过发展合作社，实现对广大农村地区劳动力、资源、资金等的有效组织，进而支持我国的工业快速发展，是有效的路径和举措。因此，党中央把发展合作社作为促进农村经济发展、解决农民问题的重要举措，并在税收、贷款、利息、价格、商品供应、物资运输等方面制定了优惠办法。在党中央的重视和政策的支持下，我国合作社快速发展，急需一个具有统领性的组织，以实现对全国合作社事业的有效领导。因此，中央合作事业管理局于1949年11月成立，发挥领导管理全国合作社事业的作用，我国供销合作社事业进入了新的历史发展时期。至此，我国合作社基本摆脱了松散的组织形式，正式步入轨道。

中央合作事业管理局成立后，亟须推进适于我国合作社发展的法律、制度、政策等内容的制定，也亟须有效听取各界对于合作社发展的建议。因此，1950年7月，全国合作社工作者第一届代表会议在北京召开。会议的正式代表包括来自各大区、省、行署、专区、市、县合作社主任217人，特邀代表24人，列席代表177人，知名人士沙千里、千家驹、孙晓村、吴觉农及老合作社工作者、大学教授陈仲明、章元善、彭帅勤、杨开道、苏汝江等都参加了会议。会议成立了由薄一波、薛暮桥、孟用潜等16人组成的大会主席团，提议毛泽东主席、刘少奇副主席、周恩来总理、陈云副总理为大会名誉主席。

刘少奇到会并作重要讲话，并对合作社的性质和作用提出了明确的要求。刘少奇指出，合作社是劳动群众在私有财产基础上建立的自己的经济组织，是半社会主义性质，实行民主管理，其任务是把小生产者组织起来。合作社与国家经济结合，就可能代替资本主义商业。它是一个独立的群众团体，只要按照法律办事，则政府不予干涉。合作社之所以是半社会主义性质，是因为党中央将合作社看成实现社会主义的过渡形态和有效路径。因此，合作社内部是一种公私混合的所有制形态，除了按劳分配，还存在生产资料私有制形态，这是马克思合作经济思想强调注重形式多样和分配方式多元的延续和发展。因此，合作社应发挥引导农民走向集体所有制的过渡形式，不应该将合作社办成私有制，也不要过于急切地将合作社办成集体所有制，而要根据发展的现实需要和阶段特征，允许私有制和公有制共同存在，进而慢慢地实现向公有制形态迈进，最终实现社会主义经济形态的建设。

会议讨论通过了《中华人民共和国合作社法（草案）》，该草案由薄一波起草，刘少奇修改。草案从我国的国情出发，注重以马克思合作经济思想为指导，并参考和借鉴了国际上已有的合作社原则和合作社法，强调框架合理、内容全面、政策严谨，对我国后来几十年的合作社实际工作起到了重要的指导作用，也对今天我国合作社的立法工作起到了重要的参考作用。

此次会议的召开，意味着我国的合作社事业发展已渐趋成熟，并迈向了新的发展阶段。至此，我国的合作社基本形成了全国总社、大区总社、省级联社、市县联社、基层社五级组织，构建了一个从上到下的完整的合作经济组织体系。广大合作社工作者也有了明确的办社目标和方针政策，推动着合作社运动上下一心、目标明确、步调一致，使我国合作社运动步入正轨。在这样的形势下，1951 年，中央召开了全国第一次农业互助合作会议。会议经过研究讨论，制定了《中共中央关于农业生产互助合作的决议（草案）》。农业生产互助合作组织是在自愿互利、不打破家庭经营核算的原则下，实行平等互利的有偿互助，再加上组织规模小、互助方式灵活等特点，受到了广大缺乏生产资料或劳动力的农户的欢迎，使农村的人力、物力、畜力和土地都得到了比较充分合理的利用。在农业生产互助合作组织蓬勃发展的势头下，我国广大农村地区互助组、初级社都蓬勃发展起来。

随着我国合作社的蓬勃发展，1954 年 7 月，中华全国合作社第一次代表大会召开，会议决定将中华全国合作社联合总社更名为中华全国供销合作总社。至此，我国正式建立起全国性的、体系完整的、统一领导的供销合作社组织系统。

课堂延伸

在全国合作社工作者第一届代表会议上的报告

要办什么样的合作社呢？合作社种类很多，不能样样都办，根据《中华人民共和国合作社法（草案）》，目前主要应办三类合作社：在工人和城市劳动人民中组织消费合作社；在农民中组织供销合作社；在城市和乡村独立生产的手工业者及家庭手工业者中组织生产合作社。这里有个问题，就是你们所说的小型生产合作社未包括在《中华人民共和国合作社法（草案）》内。小型社这名词值得考虑。什么是小型生产社？就是小的手工业生产社和农民的变工队互助组等。变工队互助组是不定型的，农民需要就可以组织。还有一种集体生产的手工业生产社，这是十个八个人的集体生产，这种小型社没有供销业务，缺乏领导就得不到发展，如果与供销合作社合在一起便可存在与发展。

上面这三种合作社是主要的，其他合作社也允许办，农业、林业、茶业、渔业等特种合作社根据当地特殊需要与可能，都是可以办的。信用社、运输社单独办很难办好，如果交给供销社来办，规模大些，就容易办好。

为什么要办这三类合作社？因为人民主要要求这三种。人民要生活，要吃饭，要穿衣，需要油、盐、茶叶、牙刷、肥皂、毛巾，还有妇女小孩用的东西。农民需要生产资料，需要肥料、牲口、种子等。农民和手工业者生产的东西要推销，原料要供给。这些都是人民所需要的。中国几千年前就产生了商品经济。自有商品经济以来，交换就靠商人。凡是成为商品的东西，都要经过商人的手，几千年来就是如此，没有想出其他办法来代替。经过商人好不好？也好，因为他能供给需要。可是，商人要剥削而且剥削得很厉害，工人一发工资，消费品立即涨价，粮食一下来就落价。现在，帝国主义、官僚资本、地主阶级被打倒了，打倒了这三个东西，换来了人民的国家政权。因此，我们要有一种办法，不经过商人或少经过商人，使消费者及小生产者少受剥削。这个办法除国营商业以外，就是办合作社。因此，合作社的目的就是消费者和小生产者联合起来，筹集股金，建立自己的商业组织，去办理采购消费品、原料并推销成品。减除中间剥削，买卖东西不经过商人的手，这就是合作社的任务。

资料来源：刘少奇．在全国合作社工作者第一届代表会议上的报告[R]. 1950-07-25.

思考

供销合作社诞生的原因是什么？

二、供销合作社与商业部门的三合三分

随着我国供销合作社的快速发展，以及我国经济形势的变化，供销合作社的功能定位与商业部门的功能定位在一定程度上形成了重合，给进一步有效统筹经济发展造成了不利影响。因此，党中央考虑推进供销合作社体制机制优化。我国供销合作社三合三分的发展历程如表 2-1 所示。在这样的发展历程中，我国的供销合作社不仅没有消亡，而且不断发展壮大，这充分说明供销合作社是按照客观规律发生发展的，是符合人民群众

现实需要的，承受住了实践的考验。

表 2-1 我国供销合作社三合三分的发展历程

时间	事件
1954 年	中华全国供销合作总社成立
1958 年	第一次与商业部合并
1961 年	恢复中华全国供销合作总社
1970 年	第二次与商业部合并
1975 年	恢复中华全国供销合作总社
1982 年	第三次与商业部合并
1996 年	恢复中华全国供销合作总社

（一）第一次合并和分开

1. 第一次合并

新中国成立初期，随着供销合作社的蓬勃发展，其功能和领域与商业部门发生了一定的重叠。由于供销合作社的定位为实现社会主义的过渡形式，同时有着公有制和私有制并存的发展特征，因此，部分人就提出要加速推进实现共产主义进程，加快消灭合作社存在的私有制特征，推动供销合作社与具有鲜明公有制特征的商业部门合并，全面纳入我国的公有制经济当中。

当时，党中央对于要求加快推进供销合作社的公有制改造保持着谨慎的态度。1956 年 1 月，刘少奇听取总社工作汇报时说，合作社在中国是一个大问题，总体看，合作社的规模和承担的任务比国营商业部门大得多，把国营商业部门与合作社两个机构合并起来，至少是提得早了，合作社是群众团体，又有国际组织，合并后就要牵涉到这些问题如何处理。毛泽东也指出，供销合作社对外是独立的，全世界也是独立的。当时中央的两位主要领导，实际上都不同意改变供销合作社的集体所有制性质。

但是，随着要加快实现社会主义的声音越来越大，供销合作社与商业部门合并的趋势越发强烈。1958 年 2 月 24 日，国务院电告各省，指出中央已决定将中华全国供销合作总社同城市服务部合并，改成第二商业部，对外挂两块牌子，省里自行决定。同年 5 月 26 日，李先念、程子华联名向中央提交报告，建议将供销合作社转变为全民所有制，路径就是将第一、第二商业部合并。不久，党中央作出同意报告批示。同年 6 月 30 日，两个商业部合署办公，执行国营商业财务制度，停止在利润中提取各种基金，所得税改按利润形式上缴国库，自有资金（包括公积金、社员股金）全部交给中国人民银行。1958 年 12 月，基层供销合作社进一步变成人民公社供销部，资金、商品、人事、经营权全部下放人民公社。

2. 第一次分开

这种过于急切推进供销合作社实现全民所有制的做法，违反了合作社的发展规律，也不符合完全实现社会主义的渐进特性。因此，以毛泽东为代表的中央领导，敏锐地发现了供销合作社是农民自己的经济组织，特别关心农民的疾苦，在为生产和农民生活服务中，做了大量工作，发挥了重大作用，并对当前供销合作社如何发展的问题，开展了调查研究。1961 年，胡乔木、邓小平、彭真、李井泉、胡耀邦等同志向毛主席提交调研报告。胡乔木说，群众对国营商业意见很多，恢复供销合作社后，大部分问题可以马上解决；邓小平、彭真说，恢复和发展手工业和家庭副业，必须迅速恢复和健全供销合作社工作，必须挑选一些了解农村手工业、家庭副业生产和农民生活的需要，有群众观点，会走群众路线的干部来做供销合作社工作，把供销合作社迅速恢复起来。

党中央在广泛听取意见和科学分析后，做出了恢复供销合作社的决定。党中央认为，当前农业生产为集体所有制，农村商业要更好地为农业生产和农民生活服务，应使用农业生产所有制，恢复供销合作社的集体所有制属性和农民自治属性，从而适应并接受群众的监督。供销合作社的治理结构也应变革，实行民主集中制，各级领导机构，由社员代表大会民主选举，对社员负责。1961 年，中共中央、国务院发出《关于供销合作社几个问题的通知》，决定恢复中华全国供销合作总社。

在党中央的要求下，供销合作社恢复发展的政策举措出台，具体包括：一是从 1962 年 7 月起，中华全国供销合作总社同商业部分开办公。二是供销合作社恢复中央、省、县及基层社四级的组织体系。三是县以上供销合作社合并前的资金（包括股金、公积金、调剂基金、基建基金、教育基金等）由财政部门如数退回，各级机关单位任何人都不许挪用供销合作社的固定资产、流动资金和商品。四是各级供销合作社的职工的政治和福利待遇与同级国家机关职工相同等。五是供销合作社实行统一领导、统一计划、分级管理、分级核算、各负盈亏等的管理制度。

（二）第二次合并和分开

1. 第二次合并

虽然供销合作社实现了与商业部门的分开和恢复，但是要求推进供销合作社加快实现全民所有制的思想并没有消失，持续影响供销合作社发展方向。对于供销合作社的所有制问题，全国形成了三种较为典型的意见。一是认为供销合作社从基层到全国都应坚持集体所有制。二是认为供销合作社在基层是集体所有制，但县级及以上的供销合作社，应该转变为全民所有制。三是认为各级供销合作社都应该转变成为全民所有制。在这样的思想中，全国供销合作总社接纳了全民所有制的建议，并向党中央提交报告，提出从基层社到全国总社都是全民所有制，只是基层社带有集体所有制的因素。不仅是由集体所有制改变为全民所有制，财务体制也要改变为国营的一套制度。

1966 年供销合作社重新加速转变为全民所有制。1970 年，商业部、粮食部、中华全国供销合作总社、国家工商管理局正式合并组成商业部，内部实行两级制，即部、组，取消了原来的局、处，撤销了原来的专业公司，人员进行了精简。

2. 第二次分开

鉴于我国农村问题的复杂性，继续加强推进农村商业发展极为必要。因此，周恩来总理对做好农村商业发展做出了要求。1975 年，中央决定恢复中华全国供销合作总社，并指出，加强商业工作首先是农村商业工作，搞好城乡物资交流是巩固工农联盟的一个重要环节，现在中华全国供销合作总社已经成立，这对加强农村商业将起到重要作用。正是在这样的要求下，供销合作社从全国到基层纷纷重新恢复组织体系。

此时的供销合作社，所有制上还是全民所有制，组织性质上属政府行政机构序列。具体表现为：一是此时中央层面的供销合作社名称为“中华人民共和国供销合作总社”，这是政府机构的名称，从而正式纳入政府行政机构序列；二是 1977 年国务院发出《关于召开全国城乡商业学大庆学大寨会议的通知》中提出供销合作社已经发展成为全民所有制的商业；三是党的十一届三中全会以后，供销合作社按全民所有制的一套制度进行改革。

（三）第三次合并和分开

1. 第三次合并

1982 年，党中央再次做出中华全国供销合作总社与商业部、粮食部合并的决定，但这次合并呈现出不同的特点。

（1）保留供销合作社的功能。供销合作社合并后，中华全国供销合作总社理事会依然存在，制发“中华全国供销合作总社”的印章，理事会主任代表中华全国供销合作总社，对内开展了一些调查研究，对外开展了与各国合作社组织的联系，和国际合作社联盟加强来往。1985 年 2 月，中华全国供销合作总社代表我国参加了国际合作社联盟，我国也成为副主席国，我国合作社在世界上的影响力得到大幅提升。

（2）保留供销合作社的机构。合并后，商业部专门设立了一个供销合作社指导司，负责指导、协调、监督供销合作社的工作。

（3）各地合并政策灵活实施。绝大部分省及省以下的供销合作社没有与国营商业部门合并，有的合并了效果不好又改了回来，保留了独立的组织系统，为以后的改革奠定了组织基础。

（4）保留了合作社财务制度。此次合并没有统一执行国营制度，而是保留了供销合作社的财务管理制度。

2. 第三次分开

供销合作社的合并，给适应市场化的改革造成了不良的影响。

（1）组织性质的不匹配。合并后，由于供销合作社上部更偏向于政府行政机构管理，而下部更倾向于集体经济和民主管理，因此要求改官办为民办，恢复供销合作社集体所有制性质，办成真正的农民的合作经济组织，面临着顶部行政管理制度的制约。

（2）利益集团的不积极。推进供销合作社改革，直接影响利益集团的利益，改革就意味着自我革命，造成了供销合作社适应市场经济改造的不积极。

（3）各地改革的不适应。各地面临适应市场化改革和上级行政化管理特征的双重制约，造成了想改革但不敢过于突破，不改革又不能适应由计划经济向市场经济转变的要求。

正是在这样的形势下，供销合作社发展出现了较为混乱的局面，具体表现为以下几个方面。

（1）思想政策混乱。出现了以下现象："股份热"，一股就灵；"承包风"，一包就行；"股金潮"。

（2）业务发展混乱。县供销合作社不起合力作用，导致基层社无人管理、经营萎靡、业务亏损等，空壳社也不断出现。

（3）基层社大量消亡。因政策混乱和业务萎缩，供销合作社基层组织出现大量消亡的形势。

在这种形势下，恢复中华全国供销合作总社的呼声日渐高涨，并通过各种渠道传达至党中央、国务院。1993 年 11 月，十四届三中全会在北京召开，会议印发《中共中央关于建立社会主义市场经济体制若干问题的决定》。根据会议精神，各级供销社要继续深化改革，真正办成农民的合作经济组织，积极探索向综合性服务组织发展的新路子。探索向综合性农业服务组织的新路子摆上议程。1994 年中央 4 号文件提出要求，抓紧组建中华全国供销合作总社，从政府行政序列中分离出来，使之真正成为农民群众的合作经济组织。随之，全国各级供销合作社继续深化改革，力争将供销合作社真正办成农民的合作经济组织。

为了落实 1993 年《中共中央关于建立社会主义市场经济体制若干问题的决定》和 1994 年中央 4 号文件的精神要求，推进具体的工作取得实际进展，由当时的国家经济体制改革委员会牵头组成供销合作社改革专题研究组，并于 1995 年印发了《中共中央 国务院关于深化供销合作社改革的决定》。1996 年 2 月，中华全国供销合作总社全国代表大会在北京召开，意味着中华全国供销合作总社正式恢复。之后，中华全国供销合作总社克服了重重困难，稳住了阵脚，在市场经济大潮中，不断向前发展，可以说正处在最好时期之一，进入了新的发展春天。

课堂延伸

营业员管商业厅长

带鱼，在困难时期属“奢侈品”。平时见不到，每年只有“双节”，每人才能凭证买到一斤，还要排长队。有一年春节前夕，郑州市食品公司在花园路市场供应带鱼，一人收证，一人算账收钱，一人司秤，各司其职，各负其责。100 多人排了一字长蛇阵。其中两位是当时的省商业厅副厅长和他老伴，他们和其他人一样站着等待买他们那份应得的年货。大约排了一个多小时，眼看就要轮到他们了。突然，有人插队。这个人是同营业人员沾亲带故的。尽管后边排队的人齐声叫喊提意见，营业员却充耳不闻，还是收了插队的人的钱和证，把带鱼给了他。商业厅副厅长不干了，他可是管理食品公司的商业厅领导，于是，他首先亮明身份——我是省商业厅副厅长。然后，他表情严肃地讲道理，又对刚刚发生的事情提出了批评。在场的人都没有想到，他本人更是出乎意料，这位营业员还没等副厅长把话说完，就气势汹汹地说：“卖给谁，不卖给谁；先给谁，后给谁——这是我的权力，我这个小小的营业员只有这么一点权力。商业厅副厅长是大官，但是，你管不着，这就叫县官不如现管。”这位副厅长心脏病较重，这种毛病最怕生气，他当场就气得发了病，晕倒在地。如果不是他老伴在场，加上排队的人帮助，采取了救急措施，其后果将不堪设想。

思考

供销合作社三合三分的改革精神和坚韧精神对我们有什么启示？

第三节 转型的供销合作社

一、股金风波

（一）供销合作社大量吸收股金

为了推进将供销合作社尽快办成农民的合作经济组织，各地供销合作社采取了较为激进的做法，即大量鼓励农民等社会主体参股供销合作社。因此，自1984年开始，全国各级供销合作社采取保息分红的方式大量吸收股金，并呈现以下特点。

（1）吸股对象多元。供销合作社向农村和城市各行各业，以及向个人和单位等不同地域和不同主体吸收股金。

（2）吸股主体全面。供销合作社各级都参与了股金吸收，包括基层供销合作社（乡镇供销合作社）、县级以上供销合作社、社属企业。

（3）吸收门槛较低。各级供销合作社吸纳股金采取敞开大门、无限制吸股的方式，提倡股金额和股份额越多越好，门槛较低。

（4）采取保息分红。对新入股的社员的股金既保息又分红，股息不低于银行存款的年利率，分红则一年一分或一年几分。

在供销合作社大量吸纳股金的趋势下，全国供销合作社的社员人数和股金金额激增。

（二）股金风波的出现

随着我国改革开放的开启和市场化改革的深入，供销合作社出现了不适应市场化改革的发展态势，业务经营状况每况愈下，经营领域丧失大半，仅剩下化肥、农药、农膜销售、棉花收购等业务，盈利状况也不乐观，甚至出现大面积亏损。在这样的状况下，供销合作社出现了无法支付股金利息的问题，甚至出现了股金挪用，用于购地建楼、偿还银行贷款、非法借贷、领导贪污、缴纳国家税费、发放职工工资福利等。因此，全国少数地方出现了供销合作社社员退股退社、挤兑股金的现象，甚至出现了群体性事件，酿成了震动全国的供销合作社系统的股金风波。

课堂延伸

绝不欠老百姓一分钱

“换了谁都不会揽这个活儿。”河东区供销合作社赵大军直言不讳。

1996 年，临沂地区撤地设市后，原县级临沂市按企业属地分离组建了河东区社，辖一个直属企业、10 个基层社。“当时河东区社有总资产 11 318 万元、总负债 18 013 万元，10 个基层社全部亏损、濒临破产，累计亏损额 6 695 万元；有社员股金 10 345 万元、职工 1 368 人，下岗职工占比高达 2/3。全系统经济、人员包袱沉重，举步维艰，是一个名副其实的烂摊子。”王建国回忆道。

那时，身为公司总经理的叶军将公司经营得有声有色。缘于此，1996 年 8 月 10 日叶军被区政府破格提拔为区社理事会主任。很多人都劝他不要接这个烂摊子，甚至劝他离开供销合作社，叶军却说：“组织既然决定了，那是对我信任，我有责任扛起来！”

接过烂摊子后，叶军首先对偿还社员股金进行了规划：“绝不欠老百姓一分钱。”社员股金是压在河东区社身上的沉重包袱，叶军并没有像当时的大多数供销合作社一样，对基层社“一破了之”，而是选择了漫长的偿还之路。“当时所有的基层社都符合破产条件，大家都知道将它们破产是化解社员股金包袱最快、最有效、最省事的办法。”刘安勤说，1999 年，股金风波愈演愈烈，一天最多挤兑股金金额达 30 万元，都是叶主任想办法化解的。

思考

化解股金风波的经验，对当今继续办好供销合作社有哪些启示意义？

（三）股金风波的产生原因

1. 不符合供销合作社是人的联合的事实

梳理全球合作社的发展，农业生产合作社、手工业生产合作社、信用合作社、运销合作社、供销合作社、消费合作社等一切类型的合作社都是人的联合，而不是资本的联合，而吸纳股金强化了资本联合的地位。

2. 不符合供销合作社是弱势群体联合的原则

供销合作社是农民等弱势群体联合起来反对地主、资本家等强势群体的剥削和压迫的经济组织，建立供销合作社的目的在于争取自己劳动创造的应得利益，即夺回自己创造却被强势群体掠夺走的剩余价值。而股金吸纳对象的多元化，甚至扩张到向城市吸纳，违反了供销合作社是弱势群体联合的原则。

3. 不符合供销合作社的有限资本状况

资本不是供销合作社发展的必须要件，供销合作社应该是无息可得、无利可分的，社员得到的完全是自己的劳动成果。

（四）股金风波的治理

1998年，《整顿乱集资乱批设金融机构和乱办金融业务实施方案》印发，全国开始对供销合作社股金风波的问题进行治理，供销合作社在三年内对以“保息分红”吸收的股金，根据股金的来源和期限进行分期转退。

（1）股金清查。各地供销合作社以落实到人为目标，逐笔审查股金来源、用途、去向。

（2）资产变现。各地供销合作社盘查现存资产，并推进存量资产变现，追收欠款，用于退股。

（3）股金转股。对于供销合作社内部职工缴纳的股金，根据个人意愿将股金转化为社有企业改制的股本金。

（4）提升效率。推进供销合作社经营效率的提升，开展减员降本等举措，力争从根本上解决股金风波出现的症结。

经过治理，供销合作社的股金风波问题得到大幅缓解。

课堂延伸

白土乡，黑乡长——陈俊生怒斥侵犯供销合作社合法权益

1996年4月，栾川县委和县政府进行公路建设，新建公路在白土乡境内要经过供销合作社的一些经营和服务设施，涉及面积有2 192平方米。4月29日，白土乡党委和政府发出通知，要求供销合作社在5月8日之前自行拆除影响公路建设的房产和经营设施。白土乡供销合作社在接到通知以后，多次找到白土乡党委和政府进行协调，要求给予合理的经济补偿。由于当地党委和政府对供销合作社的性质不很了解，5月9日上午，白土乡党委和政府在未与供销合作社达成任何协议和没有任何法律手续的情况下，就将白土乡供销合作社办公院和仓库院的大门强行推倒。5月12日又将供销合作社的两间正常营业的门市房屋拆除，同时还拆掉了供销合作社25间营业房的门窗，致使供销合作社在这些经营设施中的商品遭到哄抢，32名职工失去工作岗位，17名职工无处栖身。

白土乡供销合作社职工直接给中华全国供销合作总社副主任王如珍打电话，王如珍副主任又将这件事情立即反映给国务委员、中华全国供销合作总社主任陈俊生。当时，北

京正在召开中华全国供销合作社代表大会。陈俊生在会议上致闭幕词时，撇开打印好的稿子，怒气冲冲地批评了栾川县白土乡严重违反国家规定，侵犯供销合作社合法权益的行为。第二天，省政府工作组赶赴栾川县白土乡进行调查。在洛阳市政府、栾川县政府和市县两级供销合作社的配合下，查清了事实，批评了有关人员，达成了经济赔偿协议。

应该说，这样的结果是可以的。这件事，理所当然地应该画上句号了。不曾想到的是，那位乡长并不是真的心服口服，而是在省政府工作组和市县两级政府领导的一致批评下，无话可说，无理可讲，迫不得已才承认错误的。所以省政府工作组刚刚离开栾川县，乡长就反悔了。不仅经济赔偿协议不予兑现，态度也嚣张起来。后来，经过多次交涉、谈判，新到任的栾川县长代表县政府作了检讨。但是，他们以财政困难为由，经济损失赔偿基本上没有落实，那位黑乡长也没有再表明态度。

由此可以看出，造成供销合作社困难局面的，既有内部原因，又有外部原因。

思考

通过查询资料，结合所学知识，思考进行股金风波治理对供销合作社发展带来的好处和不利。

二、新生的供销合作社

（一）新生的供销合作社的发展历程

1. 恢复“三性”改革（1982—1994 年）

为了推进供销合作社适应市场化改革，恢复供销合作社的灵活性、效率性和农民性，供销合作社开启了推进集体性、民主性、市场性的“三性”改革。

（1）恢复集体性体制改革。为了强化供销合作社组织的群众性，1982 年的《全国农村工作会议纪要》和 1982—1986 年历年中央一号文件，都对将供销合作社真正办成农民群众集体所有的合作商业作出了要求。为了恢复供销合作社的集体性，供销合作社重点在三个方面进行变革。一是重点清理股金问题。针对供销合作社对农民的股金管理松散、没有单个成员账户以及长期没有分红等问题，全国供销合作社组织动员干部职工，逐村逐户进行社员股金清理，明晰落实股权并补发红利。二是突出农民的主体性。在清股的基础上，广泛吸收农民入股，使农民社员在经济上、政治上享受到应有的权利，真正体现社员是合作社主人的地位。三是厘清供销合作社与政府的关系。厘清供销合作社与政府部门之间的债权债务关系，争取供销合作社的合法权益得到保护，落实供销合作社集体财产所有权。

（2）重建民主性管理机制。直至改革开放和市场化改革的开启，供销合作社总体上还是按照行政化体制进行管理，为农服务的意识和效能较差，农民社员在供销合作社中没有话语权。这违反了供销合作社实行民主管理的合作制原则。因此，全国供销合作社开启了民主性改革。一是重新让权于农民。全国供销合作社坚持把入股社员作为供销合作社的主人，推进供销合作社决策权让渡给农民社员的改革，强化社员的民主管理特性，着力恢复供销合作社管理上的民主性。二是重建民主治理机构。重新恢复建立理事会、监事会，让理事会和监事会成为供销合作社的决策监督机构。三是恢复民主运行制度。各地供销合作社按照合作制原则，推进干部由社员选举产生、重大事项通过民主方式决定运行制度。

（3）建立市场性运行机制。全国供销合作社围绕恢复经营灵活性目标，推进建立市场性运行机制改革。一是性质定位转变。为了适应市场化改革，我国不再将供销合作社定位为发挥统购统派功能的组织，除个别品种外，国家不再下达农产品统购统派任务，而是实行合同定购和市场收购。二是发展能力提升。为了提升供销合作社的市场化适应能力和发展能力，全国供销合作社实行了横向联合、搞活、放开、放权等改革举措，探索发展系列化服务、横向联合、农副产品加工、多种经营方式、农村商业网点、科技教育等方面的“六个发展”。三是经营机制转换。全国供销合作社逐步打破传统的统购统销、独家专营、政府定价的计划体制，积极推动经营机制转换，全面落实供销合作社的经营自主权。

2. 深化市场化改革（1995—2013 年）

随着我国市场化改革不断迈向深入，全国供销合作社揭开了提升市场化改革水平，力争加强供销合作社经营发展稳定性的大幕。到 2000 年，虽然各地情况不尽相同，但全国供销合作社在总体上实现了扭亏转盈。改革具体特点表现为以下几个方面。

（1）提升业务盈利水平。面对供销合作社大面积经营亏损的现实困境，1999 年，国务院出台《关于解决当前供销合作社几个突出问题的通知》，要求全国各地供销合作社建立起自主经营、自负盈亏的经营机制。全国供销合作社按照意见要求，出台了相应改革举措。一是对基层社和社有企业的资产实行转、包、租、卖的改革，实现资产盘活。二是对社员股金通过分期转退、停止吸收新股的方式进行清理整顿，进一步解决股金风波造成的不利影响。三是对基层社实行撤销、合并、破产等改革，优化基层社发展状态，减轻供销合作社发展负担。

（2）强化合作制原则。1995 年，中共中央、国务院印发《关于深化供销合作社改革的决定》，对强化供销合作社合作制原则提出要求。一是供销合作社要按照民主的原则，普遍设立理事会和监事会，强化社员民主管理。二是供销合作社要按照联合的原则，建立自下而上的经济联合关系。三是供销合作社要按照政社分开的原则，各级供销合作社退出政府行政机构序列。四是供销合作社要按照社企分开的原则，确立理事会是本社集体财产的所有权代表和管理者，落实了社有企业独立的法人主体地位。

根据这一文件精神，1995年《国务院办公厅关于印发中华全国供销合作总社组建方案的通知》出台，明确供销总社机关人员是事业编制（全额拨款）。各省也陆续将供销合作社机关界定为全额或差额拨款的事业单位。2006年，各省陆续将供销合作社纳入参公管理范畴。至此，全国大部分供销合作社成为具有参公管理与合作经济民主管理"双重"属性的组织。

（3）打造现代经营业务。为提升供销合作社市场经营能力，各级供销合作社积极推动从单纯的购销组织向农村经济的综合服务组织转变。2002年，中华全国供销合作总社第三届理事会第三次全体会议提出"四项改造"，即基层社、社有企业、经营网络、联合社的改造。

2007年中央财政设立"新农村现代流通服务网络工程"专项资金，扶持供销合作社农资、农副产品、日用消费品、再生资源网络建设，即"新网工程"。2009年，《国务院关于加快供销合作社改革发展的若干意见》再次提出要加快推进供销合作社现代流通服务网络建设。各级供销合作社将经营的重点由政府委托开展统购统销业务转向市场化的经营业务，并且顺应连锁经营快速发展的形势，构建以农资、农副产品、日用消费品和再生资源为主的连锁经营网络。

3. 推进综合改革（2014年至今）

随着供销合作社改革迈向深入，以及农业农村发展任务日益复杂化，供销合作社改革也相应进入综合改革阶段。2014年，中华全国供销合作总社选定河北、山东、浙江和广东四省开展综合改革试点。而随着之后乡村振兴战略的提出，供销合作社的综合改革进程进一步加速。具体来看，供销合作社综合改革呈现如下特征。

（1）推进不同层级社有企业紧密联结。围绕社有企业各自为政、关系松散和"联合社不联合"的现实问题，供销合作社将各级社有企业的资源、技术、人才与基层社的经营网点，通过产权、资本、业务等方式联结，打造上下贯通、有效对接的现代经营服务体系，实现了供销合作社得发展、农民得实惠的双赢。

（2）开展生产、供销、信用"三位一体"组织体系建设。浙江省供销合作社以县、乡两级为重点，建立具有生产、供销、信用"三位一体"综合合作功能的农民合作经济组织联合会（以下简称农合联）。农合联按照"农有、农治、农享"原则完善内部治理机制，实行成员（代表）大会、理事会、监事会制度，依托供销合作社设立执行委员会，由供销合作社承担农合联的日常运营管理职责。"三位一体"综合合作形成了集生产、供销、信用等多重功能于一体的综合服务平台，实现了大组织大平台与小组织小农户的对接，较好满足了广大农民和新型农业经营主体的服务需求。

（3）健全社有资产管理体制。供销合作社围绕政事分开、社企分开原则，推进社有资产管理体制健全，包括完善投资运营管理体制、发展混合所有制、引导社有企业整合壮大。一是完善投资运营管理体制。成立资产管理委员会，设立社有资产投资运营公司，形成资产管理委员会监管、投资运营公司运行的社有资产投资运行管理体制。二是发展混合所有制。通过鼓励内外部各类主体参股供销合作社社有企业（资产），因需吸引社有资本参股、入股和控股社有企业，适当增加经营者和员工持股比例，实现社有企业与内外部各类主体风险共担、资源共聚、发展共享。三是引导社有企业整合壮大。引导同业社有企业资源整合、联合发展，优化供销合作社分散的社有企业资源，实现资源优化配置和规模化经营，推动培育具有龙头带动和产业支撑作用的大型社有企业（集团）。

（4）推进基层社提质改造。供销合作社围绕基层社组织不健全的现实问题，以密切与农民利益联结为核心，推进基层社业务拓展和组织健全。一是推进基层社业务拓展。以上级供销合作社农产品电商、农村产权交易、农村资金互助、合作保险、互联网金融、融资担保、金融租赁等企业业务，推动组织、业务、资源等向下延伸拓展，推动拓展基层社业务，强化提升为农服务能力。二是推进基层社组织健全。供销合作社实施“基层组织建设工程”和“千县千社”振兴计划，设立基层组织发展专项资金，将基层社逐步办成规范的、以农民社员为主体的合作社，实现了基层社强化合作、农民参与、为农服务发展，基层社合作经济组织属性得到强化。

（5）拓展为农服务功能。供销合作社坚持为农、务农、姓农，面向农业现代化，面向农民生产生活，不断优化和创新服务供给。具体来看，其包括发展土地托管为主要形式的农业社会化服务，生产、供销、信用“三位一体”的综合合作服务，以满足农民群众美好生活需要为导向的社区综合服务等。

课堂延伸

杭州市萧山区供销合作社深化综合改革，提升为农服务能力

创新提升农业生产服务

围绕全域美丽目标，创新打造“美丽田园＋美丽经济”模式，承接美丽乡村建设，实现美丽田园与美丽经济“两翼齐飞”。完成亚运林配套工程和“湘蜀田园”“世纪田园”“宁新田园”等美丽田园项目。拓展土地托管业务，涵盖粮食生产服务、绿化养护服务、美丽田园建设、美丽乡村建设、土地全域整治等全领域，服务范围遍布萧山和钱塘大部分镇街平台。

全面提升城乡商贸服务

线下线上同步开拓销售渠道，把“萧山菜”销往全国。线下，依托舒禾农产品专营

店、瓜沥水果市场、供销茶叶市场以及托管农贸市场，不断推动农产品进机关、进学校、进企业、进社区“四进工程”；线上，打造“供销快购”“供销惠农”“有得儿菜”“乡村云播客”等网络销售品牌，开发农产品一键配送网上平台，助推农产品流通线下线上齐头并进。同时依托农贸市场和电商平台，积极拓展食堂生鲜配送业务，开启联营代理商品批发，推动区域多元化经营。助力东西部农产品帮扶展销，设立多个帮扶产品专柜，举办“礼好康定”农产品入萧推介活动，助推东西部共同富裕。提升农贸市场托管品质，通过专业化运营、标准化建设、品牌化输出、智慧化赋能等方式，有效解决农贸市场的环境问题和管理难题，守护群众的“菜篮子”。

加快发展城乡环境服务

针对废弃资源回收处置难的问题，健全“定点投放、统一回收、集中处置”的农药废弃物回收处理模式，依托所前南部和党山东部两大分拣中心，城厢、新塘、所前 3 家分拣转运中心，24 家学校智慧回收房，103 个乡镇垃圾分类回收网点，构建了上中下游的全链条再生资源回收体系；开发大件垃圾预约服务系统，助推垃圾分类智慧赋能。助力全区城郊环境综合整治，承接新塘街道和戴村镇的全域整治以及益农镇的建设用地复垦等项目。

积极拓展乡村消费服务

加快推动农旅融合发展，依托所属农发旅行社和农旅专业合作社，以农文旅结合和三产融合发展为方向，积极拓展旅游观光、教育科普、农事体验、展示展销等活动，让村民在家门口就业致富，有效带动了农业增效和农民共富。

因地制宜深化基层服务

基层社根据不同的基础和资源，在完成日常农业社会化服务、基层网点建设的同时，在美丽乡村建设、农业产业发展、农贸市场托管、园林绿化养护、河道保洁服务、农产品购销等方面联动发展。其中萧山区临浦中心供销合作社深入推进村社合作，共建浦阳镇示范居家养老服务中心，打造“乡村云播客”和“丰收驿”优质农产品展销平台；萧山区义盛中心供销合作社通过资产改造提升，打造供销乡里服务中心，引入快递进村服务，实现村级综合服务社 2.0 版；萧山区三江供销合作社主动托管社会停车场，完成智能化改造，并对闻堰街道相墅社区空置近 10 年的房产进行产业引进，打造以残疾人之家和居家养老服务为重点的乡里服务中心。

思考

新生的供销合作社发展历程，体现了供销文化的哪些精神内涵？这对我们坚定为农服务、助力乡村振兴有哪些借鉴意义？

（二）新生的供销合作社的改革成效

经过综合改革，供销合作社在农业社会化服务、农村现代流通、基层组织建设等方面取得长足发展，在乡村振兴和农业农村现代化方面展现了积极作用。

1. 社有经济实力明显提升

全国供销合作社经营亏损的发展状态得到了更加有效的转变，综合经济实力开始恢复并快速发展。据中华全国供销合作总社统计，截至 2020 年底，全系统实现销售总额 5.3 万亿元，其中，农业生产资料类销售额 8 667.1 亿元，农产品类销售额 22 205.3 亿元，消费品类零售额 18 234.5 亿元，再生资源类销售额 2 824 亿元。全系统商品交易（批发）市场交易额 10 459.9 亿元，其中，农副产品市场交易额 9 002.7 亿元，再生资源市场交易额 768.5 亿元。此外，连锁经营销售额、进出口额、农产品购进额、农业生产服务收入额、金融服务营业额、综合服务营业额等都实现了新突破。

2. 为农服务能力显著增强

供销合作社以农业社会化服务为切入点，为各类新型经营主体和广大农户提供综合性、全方位的农业生产经营服务，有效推动了农业适度规模经营，促进了农业现代化。据中华全国供销合作总社统计，截至 2020 年底，全系统土地全托管面积 3 701.3 万亩，土地流转面积 3 923.2 万亩，配方施肥服务 12 350.4 万亩次，统防统治服务 11 448.9 万亩次，农机作业服务 8 454.3 万亩次，建立农村综合服务社 44.8 万个，农村综合服务中心 73 766 个，生产性为农服务中心 18 041 个，庄稼医院 74 733 个，培训农村实用人才 182.4 万人次。

3. 基层薄弱局面根本扭转

在改革的过程中，供销合作社扎实推进“基层组织建设工程”和“千县千社”振兴计划，各地供销合作社采取联合社帮扶、社有企业带动、与社会资本合作等方式恢复重建基层社；采取社有企业或基层社投资入股或服务带动、基层干部职工领办等方式兴办各类农民专业合作社，基层长期薄弱的局面得到扭转。据中华全国供销合作总社统计，截至 2020 年底，全系统有基层社 37 652 个，兴办各类专业合作社 192 460 个，入社农户 1 515.7 万人。

4. 农村流通网络全面铺开

供销合作社利用原有的资源积极推动农村商品流通网络建设，特别是自 2007 年中央财政设立“新网工程”专项资金以来，重点支持了供销合作社企业开展农业生产资料、农副产品、日用消费品、再生资源四大网络建设。据中华全国供销合作总社统计，截至 2020 年底，全系统连锁企业 6 697 家，配送中心 10 802 个，连锁、配送网点 83.2 万个，其中直营连锁、配送网点 15.5 万个，加盟连锁、配送网点 67.7 万个。

课堂延伸

小山村里来了供富大篷车

“嘀嘀……”响亮的车喇叭声打破了小山村的宁静。2022 年 2 月 25 日上午，供富大篷车开进了廿八都镇坚强村。“这个是自己家晒的笋干，吃不完的拿过来”“你看看这个菜心，早上地里刚摘的，很新鲜”……村委会门口，或是拎着菜篮的村民，或是拿着大袋小袋的村民，大家带着自家“土货”排起了长长的队伍，等待收购。

“这袋笋干加上两斤菜心一共是 68 元，钱您收好。”66 岁的柯昌旺乐呵呵地从供富大篷车志愿者手中接过现金。前两天从村微信群中得知有大篷车上门收购农副产品的消息，柯昌旺收拾好了家里的笋干和蔬菜，早早地骑着三轮车赶来。“我们村离集镇远，再加上我年纪也大了，不会拿出去卖。地里的青菜长得草一样高，萝卜吃不完烂在地里。现在大篷车开到我们家门口，真的太好了！”柯昌旺满脸笑容地说。

位于浙闽赣三省交界处的坚强村距离江山市区有 70 多千米，是典型的山区村。像柯昌旺一样，村里家家户户都爱种些时令蔬菜，制作笋干、霉干菜等农副产品。“原来这些东西吃不完只能送人或者扔掉，现在有了大篷车，不仅不浪费，还能赚一点零花钱。”54 岁的王阿姨一边清点零钱，一边说道。

村民送到大篷车的农产品，由收购员辨别质量，送至检测中心检测农药残留等，确保食品安全后，分拣包装配送至市各个销售网点。

“供富大篷车是新时代供销回归农村、服务三农的切入点。去年我们供销合作社对江山所有的山区留守群众数量以及当地农副产品的情况开展了调研，在充分了解山区群众真实需求的基础上，发动社会力量，与红塔超市合作，也结合供销合作社在组织和流通方面的优势，开通了 5 辆供富大篷车。”市供销联社主任介绍说。从 2021 年 12 月开始，每个星期的星期二和星期五，5 辆供富大篷车按时开进衢州市 6 个生态型乡镇的 51 个行政村，为百姓提供日消品下乡和农资、农技进村以及农产品进城服务。

沿着蜿蜒的山路，供富大篷车一路经过廿八都和保安的沿线村庄，收购村民们的农副产品。青菜、萝卜、大蒜等当季蔬菜，笋干、霉干菜等自家土货悉数登场。短短一上午，供富大篷车就收购了各类农产品 650 余斤，助农增收 2 000 余元。

"下一步我们将不断优化相关的机制以及保障措施，联合妇联、民政等相关部门的力量，加快推进山区群众富余农副产品从田间地头到市民餐桌，为共享食堂提供优质食材，也让我们供富大篷车成为共同富裕进程中一道亮丽的流动风景线。"市供销联社相关负责人介绍。

从春天出发，供富大篷车满载着山区村民的希望，快速奔跑在共同富裕的大道上。

资料来源：江山："生活美"新助力 小山村里来了"供富大篷车"[EB/OL]. 浙江在线网，2022-03-02.

思考

供销合作社为什么要坚定投身乡村共同富裕事业？背后体现了哪些供销文化的内在要求？供销文化在促进供销合作社、助力乡村共同富裕方面的内在优势又体现在哪里？

课后习题

一、单项选择题

1. 历史上第一个成功的合作社诞生于（　　）。

A. 美国　　B. 英国　　C. 德国　　D. 中国

2. 经济价值优先的合作社思想的典型代表实践形态是（　　）。

A. 供销合作社　　B. 生产合作社　　C. 农协　　D. 消费合作社

3. 晋察冀边区行政委员会的《论合作社运动》在什么时候印发？（　　）

A. 1937 年　　B. 1938 年　　C. 1939 年　　D. 1940 年

4. 中华全国供销合作总社真正成立于（　　）。

A. 1949 年　　B. 1951 年　　C. 1952 年　　D. 1954 年

5. 恢复“三性”为核心的改革内容不包括（　　）。

A. 产权改革　　B. 恢复集体性体制改革

C. 建立市场性运行机制　　D. 重建民主性管理机制

二、论述题

1. 简述罗虚戴尔公平先锋社的办社原则。

2. 简述马克思合作经济思想。

3. 简述合作社在反对日伪封锁中的作用。

4. 供销合作社第三次与商业部合并与前两次有哪些不同？

5. 简述新生的供销合作社的改革成效。

实训任务

1. 5～6 人为一组，调研浙江省一家供销合作社供富大篷车的实践情况，总结主要做法、取得成效、精神内涵，并形成调研报告。

2. 团队实训考核评价。

实训考核评价表如表 2-2 所示。

表 2-2　实训考核评价表

组别	考核点							总分
	资料翔实	逻辑清晰	文字流畅	观点明确	调研深入	团队合作	其他方面	
第 1 组								
第 2 组								
第 3 组								
……								
第 n 组								

第三章 供销合作社文化特征

学习目标

知识目标

通过本章的学习，你应该：

1. 理解供销合作社文化的内涵及功能。
2. 掌握供销合作社精神文化的时代价值。
3. 了解合文化的传统内涵及供销合作社合文化的特色与实践。
4. 了解信文化的传统内涵及供销合作社信文化的特色与实践。
5. 了解义利文化的传统内涵及供销合作社义利文化的特色与实践。

素质目标

通过本章的学习，你应该：

1. 树立良好的合作意识和团队观念。
2. 形成并坚守诚信理念，以诚为本，以信立身。
3. 形成新时代正确的义利观，妥善处理义利关系。
4. 形成“爱农”“强农”意识、以强农兴农为己任。

导入案例

三代供销人的初心传承

自 1952 年开始至今，段淑豪祖孙三代在济源供销合作社系统的几十年里，系下了化不开的供销情结。

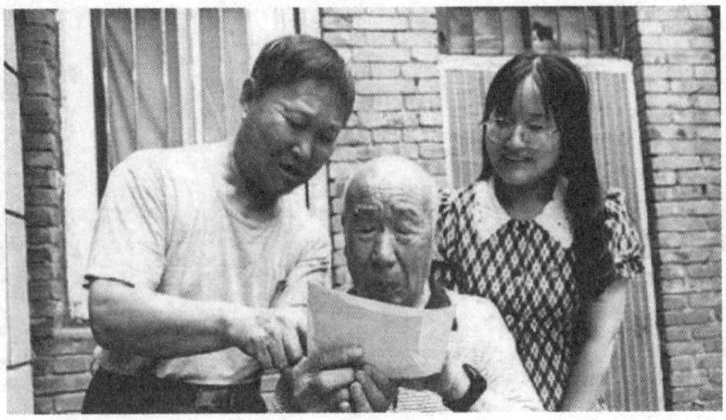

第一代段淑豪：群众的需要就是我们努力的方向

1952 年 7 月，出生于 1931 年的段淑豪加入供销合作社队伍，在济源城关供销合作社任会计。为解决深山区人民群众的生产生活难题，段淑豪和同事采取挑、担、推等方式，为偏远村庄的群众送生产生活物资。由于工作出色，1958 年 12 月他光荣成为一名共产党员。

特别是在 1982 年至 1983 年，在担任济源供销合作社党委书记期间，段淑豪大力发展红果树种植，至 1984 年底全县发展红果树达 91 万株；1990 年红果产量由 1988 年的 0.9 万斤增至 13 万斤，户均收入 1 万元。

第二代李国庆：当好国有资产“守护人”

“国庆，我明天就要正式退休了，希望你不要忘记咱是供销人、咱供销人的宗旨是啥、咱们供销人的根是啥！”1991 年 2 月，段淑豪把在济源供销合作社工作的女婿李国庆叫到身边一遍遍嘱咐。

李国庆 1972 年入伍，1975 年入党，1986 年进入济源供销合作社工作。他将部队严谨认真、细致负责的态度带到工作中，出色完成了各项工作任务。“做安全生产工作不仅需要有责任心，还要细心。”李国庆说。作为老供销人，他见证了供销合作社的辉煌、没落，见证了供销合作社的改革与创新。一路走来，他始终秉承着供销人的初心与使命，兢兢业业，埋头苦干，用行动诠释了一位老供销人的责任与担当。

第三代李慧：做新时代供销传人

1990年出生的李慧怎么也想不到，在济源供销合作社为了欢送老干部的一次合影中，姥爷、父亲和她同框，留下了难以忘怀的记忆。

时光荏苒，大学毕业后的李慧也曾在就业问题上徘徊。2014年9月，她参加河南省公务员考试，毫不犹豫地选择了济源供销合作社。李慧告诉记者，作为新一代供销人，站在了新时代的新起点上，就是要不忘初心、牢记使命，做“扁担精神”的传承者和“为农、诚信、创业、合作”的新时代供销合作社文化的践行者，始终牢记供销合作社为农服务初心，谱写供销合作事业新篇章。

资料来源：孔凡哲，焦飒．三代供销人的初心传承[N].河南经济报，2021-07-01（4）.

◎**案例思考：**供销文化随着时代的变更发生了哪些变化，又有哪些传承？

第一节　供销合作社文化的内涵及功能

一、供销合作社文化的内涵

文化有广义和狭义之分。广义的文化是指人类在社会历史实践中所创造的物质财富和精神财富的总和。狭义的文化是指社会的意识形态以及与之相适应的制度和组织机构。作为意识形态的文化，是一定社会的政治和经济的反映，又作用于一定社会的政治和经济。随着民族的产生和发展，文化具有了民族性。每一种社会形态都有与其相适应的文化，每一种文化都随着社会物质生产的发展而发展。社会物质生产发展的连续性，决定了文化的发展也具有连续性和历史继承性。

供销合作社文化（简称供销文化）是社会主义先进文化的重要组成部分，是全系统广大干部职工的精神支柱，是推动供销合作事业持续发展的不竭动力。在七十多年的发展历程中，供销合作社孕育了具有自身特色和时代特征的文化。革命战争年代，根据地和解放区的供销合作社组织生产、方便生活、支援前线，铸就了献身革命、不畏艰难、勇于奉献的“南区精神”。新中国成立后，各级供销合作社以发展生产、保障供给为己任，创造了艰苦奋斗、勤俭办社、心系群众、诚实守信的“扁担精神”“背篓精神”。改革开放，特别是党的十六大以来，各级供销合作社始终坚持以为农服务为宗旨，坚持社会主义核心价值，坚持艰苦创业、改革创新、扎根基层，弘扬了心系“三农”、爱农为民的奉献精神，坚持坚韧克难、勤俭勤勉的创业精神，坚持不断创新、永不言止的进取精神和开放包容、互利共赢的合作精神。以这些精神为主要内涵的供销合作社文化始终闪耀着供销人的智慧和光芒，在革命、建设、改革各个历史时期都发挥了独特而重要的作用。

二、供销合作社文化的功能

供销合作社文化作为供销合作社综合改革的精神指引和实践指南，承载着多重重要的功能，包括历史传承功能、价值引领功能、凝聚激励功能、约束规范功能、传递辐射功能。

（一）历史传承功能

供销合作社在长期的发展过程中积累了丰富的历史和文化底蕴。供销文化通过记录和传承供销合作社的发展历史、优良传统和核心价值观，使得这些宝贵的精神财富得以延续和发展，为供销合作社事业持续发展提供了重要的历史参照和文化支撑。

（二）价值引领功能

供销文化以社会主义核心价值为引领，倡导艰苦奋斗、诚信经营、互利共赢等价值观念，这些价值观念不仅为供销合作社的发展指明了方向，也为供销人提供了行为准则和价值追求。在供销文化的引领下，供销合作社能够更好地履行社会责任，实现经济效益和社会效益的有机统一。

（三）凝聚激励功能

供销文化通过强化供销人的集体意识和归属感，增强了供销合作社的凝聚力和向心力；同时，供销文化中的先进典型和榜样力量，能够激发供销人的积极性和创造性，推动供销合作社事业不断向前发展。

（四）约束规范功能

供销文化中的道德规范和行为准则，对供销人的行为产生着内在的约束规范作用。这种约束规范作用不同于法律的强制性约束，它是通过文化熏陶和人的内心自觉来实现的。在供销文化的约束下，供销人能够自觉遵守职业道德和行为规范，维护供销合作社的良好形象和信誉。

（五）传递辐射功能

供销文化不仅影响供销合作社内部成员的行为和思维方式，而且通过供销合作社的业务活动和社会交往，向外部社会传递着供销合作社的价值观念和行为模式。这种辐射作用有助于提升供销合作社的社会影响力和公信力，推动供销合作社事业在更广阔的领域和更高层次上实现发展。

课堂延伸

中华全国供销合作总社关于大力弘扬互助合作精神全力做好扶贫工作的倡议书

2020 年 3 月 6 日，习近平总书记向全党全国全社会发出脱贫攻坚总攻动员令，千百年来困扰中华民族的绝对贫困问题，迎来了最后决战决胜的历史性时刻。供销合作社是党和政府做好“三农”工作的重要载体，致力脱贫攻坚义不容辞、责无旁贷。为坚决贯彻落实习近平总书记的重要讲话精神和党中央的决策部署，大力弘扬互助合作精神，全力做好供销合作社扶贫工作，为夺取脱贫攻坚全面胜利做出更大贡献，现向全国各级供销合作社发出如下倡议：

一、切实提高政治站位。打赢脱贫攻坚战是我们党向人民做出的庄严承诺，是必须完成的重大政治任务。各级供销合作社要深入学习贯彻习近平总书记在决战决胜脱贫攻坚座谈会上重要讲话精神，立足全局增强使命感，把握职能增强责任感，聚焦任务增强紧迫感，切实把思想和行动统一到中央决策部署上来。要充分认识决战决胜脱贫攻坚的极端重要性，全面把握高质量完成脱贫攻坚目标任务的重点工作，坚定信心、全力以赴，在打赢脱贫攻坚战中展现供销合作社担当、贡献供销合作社力量。

二、以决战决胜的精神状态攻坚克难。2020年是全面打赢脱贫攻坚战收官之年，在这最后冲刺阶段，又遭遇突如其来的疫情影响，各项工作任务更重、要求更高。越到紧要关头，越要响鼓重锤。各级供销合作社要坚持把脱贫攻坚作为重中之重，以脱贫攻坚统领各项工作，拿出决战决胜的精神状态，瞄准工作目标，抓住工作重点，以更加坚强的韧劲、更加有力的举措，攻坚克难抓落实。要加强组织领导，全面压实攻坚责任，加强跟踪调度，按照时间节点倒排工期、挂图作战，确保脱贫攻坚如期全面收官。

三、积极创新互助合作方式。互助合作是合作经济组织的本质特征。各级供销合作社要统筹整合资源，创新帮扶方式，完善帮扶机制，切实履行好定点扶贫责任，高质高效完成对口帮扶任务。要大力开展消费扶贫，全力建设运营好“扶贫832平台”，积极带动贫困群众增收。要发挥行业劳动密集和系统产业类别、经营主体众多的优势，通过广开就业门路、优化就业服务以及对口劳务输出等形式，千方百计帮助贫困群众稳定就业，为稳定脱贫提供坚实支撑。要加强科技教育培训，做好“志智双扶”工作，激发贫困群众脱贫致富的内生动力。要通过发展劳动合作、资本合作、土地合作等多种合作形式，不断完善带贫机制，密切与贫困户的利益联结，把贫困户真正融入产业链中，为脱贫致富找到治本之策。

四、充分发挥联合发展优势。上下贯通、联合发展是中国特色供销合作事业的独特优势。各级供销合作社要加强对东西部扶贫协作、对口支援、对口合作和结对帮扶等工作的组织领导和统筹协调，汇聚系统资源和力量，巩固深化对口帮扶关系，特别是聚焦深度贫困地区和52个未脱贫县，开展多种形式的扶贫行动，助力如期完成脱贫摘帽任务。要发挥社有企业的龙头带动作用，深化东西部扶贫协作，鼓励东部地区供销合作社组织有实力的龙头企业赴贫困县投资扶贫项目，带动开展全面合作。要依托完备的组织体系和经营服务网络，支持设立对口扶贫地区农产品销售专店、超市专柜、市场专摊，积极探索推进联采联销农产品机制，促进贫困地区农产品产销对接，带动贫困地区产业发展。

五、大力弘扬供销合作社优良作风。各级供销合作社要不忘初心、牢记使命，认真践行为农服务宗旨，广泛动员系统广大干部职工通过“以购代捐”“以买代帮”等形式，集中购买贫困地区的农产品，积极倡导和鼓励所属连锁超市、农产品批发市场，最大限度减免对口帮扶地区农产品的进场费、促销服务费、渠道推广费等费用。要大力弘扬“扁担精神”“背篓精神”，密切联系贫困群众，想贫困群众之所想，急贫困群众之所急，不断创新服务方式，更好服务贫困群众的生产生活。要深入推进抓党建促脱贫攻坚，充分发挥基层党组织的战斗堡垒作用和党员干部的先锋模范作用。要广泛宣传供销合作社脱贫攻坚先进典型和成功案例，营造系统上下积极参与扶贫的良好氛围。

打赢脱贫攻坚战任务艰巨，责任重大，使命光荣。让我们更加紧密地团结在以习近平同志为核心的党中央周围，以昂扬的斗志、饱满的热情、旺盛的干劲，坚决担负起党中央、国务院赋予供销合作社的使命职责，冲在前、做实事、见成效，在夺取脱贫攻坚战全面胜利、如期全面建成小康社会的伟大实践中作出新的更大的贡献。

资料来源：中华全国供销合作总社关于大力弘扬互助合作精神全力做好扶贫工作的倡议书[EB/OL]. 中国供销合作网，2020-04-16.

思考

供销合作社文化在助力乡村脱贫攻坚上有哪些内在优势？

第二节　供销合作社文化的内容

一、振奋人心的精神文化

精神文化是行业的灵魂。任何成功的组织发展背后，都必然蕴含着伟大的精神力量；而崇高的精神，不仅为组织的发展提供了内在支撑，而且是推动其走向辉煌的强大动力。供销合作社，在其七十余载的峥嵘岁月中，逐步孕育并积淀了一种辉煌且独特的行业精神文化。正是这些崇高的精神文化，引导和激励着一代代供销人坚守初心，在各种挑战与困境中砥砺前行、持续奋斗。供销合作社系统的精神文化的重要体现是著名的背篓精神和扁担精神。

南昌市供销联社用智慧数字讲好供销故事

（一）背篓精神

1. 背篓精神概述

北京市原房山县周口店供销合作社黄山店分销店是背篓精神的发源地。黄山店公社位于山区地带，其服务对象大多散居在交通不便的山地之中，前往分销店极为不便。面对这一情况，负责人王砚香引领职工们常年背负背篓上山，收购、推销农副产品、生活用品，被当地群众亲切地称为“背篓商店”。这种营销方式在今天看来显得相对落后，但其背后所蕴含的全心服务、一心为民、艰苦奋斗的供销精神却仍然闪耀着时代的光芒。

2. 背篓精神的渊源

黄山店公社地处群峰环抱的山沟里，全公社 540 多户、2 800 多口人，分散居住在山沟山腰的 50 多个自然村。这些自然村地理位置偏远，加之交通条件十分落后，长久以来都处于相对闭塞的状态。历史上，黄山店山沟里没有销售点，村民为满足基本生活需求，如购买灯油、火柴、食盐或出售山货，常须跋涉数十里山路。当地流传的民谣“有女不嫁黄山店，吃水贵如油，买卖东西真发愁”便生动反映了这一困境。

新中国成立后，政府为解决山区群众的购物难题，在黄山店成立了供销店。然而，由于居民点过于分散，群众购物仍然面临诸多困难。正是在这样的背景下，1956 年王砚香从北京市供销合作社干校学成归来后，毅然选择回到家乡黄山店，担任黄山店供销店的门店经理。他深知山区农民的艰辛，决心通过创新服务模式来解决“卖货难”和“购物难”的问题。

王砚香带领供销店的职工们，以背篓为工具，负重攀越险峻山岭，将日用品送至农民家门口，并收购他们手中的农副产品。当地群众亲切地称为“背篓商店”的分销店使当地农民的生活得到了极大的便利，促进了山区农副产品的流通。“背篓商店”的服务范围覆盖了东西宽 5 000 多米、南北长 10 000 多米的广阔区域，途中需要穿越“骆驼鞍”“象鼻子”等多个艰险的山道。

在 1958 年的“大跃进”运动中，“背篓商店”的服务模式得到进一步的推广和发展。为了让社员能够专心投入生产，王砚香提出了经常背背篓上山送货的倡议，并同时收购当地的特产，如核桃、柿子、荆条、药材等。王砚香以身作则和率先行动，供销店的其他职工也在他的带领下充满热情，“背篓商店”的送货上山服务逐渐成为常态。为了满足社员的各种需求，供销店的职工们不仅将成盒的商品拆了零卖、大张的纸裁成小张卖，还收购了各种零星的物品，如药材等。他们甚至为了一位社员在山上看管羊群时需要一口水缸，派出了两名职工轮流将 100 多斤重的水缸背上山去。这种无微不至的服务精神，使得“背篓商店”在当地群众中树立了极高的威信。

1965 年 6 月，中共北京市委向全市发出了关于号召学习“背篓商店”的通知，《北京日报》发表了题为《充满革命精神的“背篓商店”》的长篇通讯。该店也被评为全国先进集体，王砚香同志成为全国著名商业劳动模范，这对全国都起到了极大的典型带动作用。

课堂延伸

周口店镇黄山店村：发扬“背篓精神”，三次转型发展集体经济

房山区周口店镇黄山店村是享誉全国的“背篓精神”发源地，先后获得“全国先进基层党组织”“全国文明村”“中国最美休闲乡村”“全国美丽宜居村庄示范”“北京市先进基层党组织”等荣誉称号。

发展乡村旅游，实现村集体经济绿色转型

自国家实行关闭非煤矿山政策，村里果断调整产业结构，明确“旅游强村富民”新思路，形成以坡峰岭景区为龙头的旅游产业格局。自 2011 年至 2023 年，坡峰岭已举办了十一届红叶节、五届黄栌花节，共安置 260 余名劳动力就业，职工工资平均达到 3 500 元 / 月并全部享受社会保险待遇，同时拉动了周边餐饮服务业增收及农副产品销售。

抢抓机遇发展精品民宿，拓宽产业发展渠道

2012 年，“7·21”特大暴雨灾害给黄山店村造成重大经济损失。村党支部借助区级灾后永久避险安置房建设、新型农村社区试点建设的机遇，推进村民搬迁，利用搬迁腾退的闲置集体资产，与远方网公司合作，统一规划、集中开发了“姥姥家”“桃叶谷”“黄栌花开”等 40 个精品民宿。村民享受集体资产民宿产业经营带来的利润分成，民宿年营业收入 1 153 万元。

弘扬“背篓精神”，发展红色旅游

2018 年，黄山店村建成了“红色背篓”精神展览馆，推出了 4 条“重走背篓路”徒步体验线路。作为房山区的党性教育基地，截至 2023 年，“红色背篓”精神展览馆已累计接待 6 万名党员、团员参观，实现收入 550 万元。2021 年，为发展多元化旅游，同时弥补淡季短板，黄山店村建设了“幽岚山·童话森林”项目及卡丁车项目，进一步全方位提升了旅游产品品质。

资料来源：周口店镇黄山店村：发扬“背篓精神”，三次转型发展集体经济 [EB/OL]. 北京市房山区人民政府网，2023-04-03.

思考

“红背篓精神传承奖”颁发的背景和意义是什么？

（二）扁担精神

1. 扁担精神概述

曾经的石板岩乡，地形崎岖、居民分散，全乡 17 个行政村 326 个自然村，总计约

2 800 户居民。这些民居分散于高耸的山顶、蜿蜒的山腰以及险峻的峭壁之上，彼此间相对孤立，交通极为不便。1946 年 7 月，尹兴德、郭有恒和李林洹等人靠着一根扁担、一盏油灯、一个算盘、1 821 元冀南票（折合人民币 18.21 元），以及从庙里搬来的一张供桌和从农会分来的五间石板房办起了石板岩供销合作社。尽管建社之初物资匮乏、条件艰苦，但凭借对事业的坚定信念和无私奉献精神，石板岩供销合作社靠一副副扁担，架起连接党群、沟通城乡的桥梁，孕育了供销合作社“一心为民、勤俭办社、无私奉献”的扁担精神，涌现出了全国劳模和全国人大代表。扁担精神是石板岩供销合作社在艰苦创业过程中孕育出的一种宝贵精神财富。这种精神不仅体现在供销合作社职工坚韧不拔、勤劳勇敢的品格上，而且体现在他们为农服务、无私奉献的博大情怀中。半个多世纪过去了，扁担精神在一代代供销人的坚守与传承中不断得以弘扬、发展和创新，成为新时期供销合作社深化改革、加快发展、为农服务的强大精神动力。如今，扁担精神已经从石板岩乡走向了全中国，成为激励一代代供销人不断前行的宝贵精神财富。

2. 扁担精神的渊源

河南省林州市石板岩供销合作社是扁担精神的发源地。在太行山脉深处的石板岩地区，自然环境的艰险曾给当地居民的日常生活带来极大的不便。山里没有公路，更不通汽车，只有蜿蜒曲折的羊肠小道穿梭于崇山峻岭之间。群众中流传着这样一句话：“石板岩，山垒山，干啥全靠肩膀担。”这是对当地艰苦生活条件的真实写照。

石板岩供销合作社职工在创业初期面临巨大的困难。然而，正是这些看似无法逾越的障碍，磨砺出了石板岩供销合作社职工坚韧不拔的意志和无私奉献的精神。由于地处深山，没有现成的道路与外界相通，他们只能依靠狭窄的羊肠小道，肩挑重担，翻山越岭，来回于社村之间，去时挑上日用百货和农资等商品，回来挑上从农户家收集的各种农副土特产品。把一担担工业品挑上山，把一担担农产品挑下山。一百多斤的货物，来回一百多里的山路，日复一日，年复一年，风雨兼程，他们用实际行动诠释了什么是“十不怕”的精神——“不怕山高路远、不怕出力流汗、不怕刮风下雨、不怕酷暑严寒、不怕河水挡道、不怕冰雪阻拦、不怕村小分散、不怕分外麻烦、不怕起早搭黑、不怕重担压肩”。

值得一提的是，尽管条件艰苦，但供销合作社职工的服务质量却从未打折扣。他们始终坚守着“为农服务的一颗螺丝钉精神”“一颗大头针精神”，用实际行动诠释了什么是真正的为人民服务。这种精神不仅体现在大事上，更体现在那些看似微不足道的小事上。20 世纪 60 年代初期的一个故事至今仍被传颂：20 世纪 60 年代初期，石板岩供销合作社营业员郭金富到郭家庄大队龙床口生产队送货，细心的他观察到队内一张步犁因一颗螺丝钉的缺损而无法正常使用，而石板岩供销合作社当时又没有这种螺丝钉。如果要买，就要往返爬 15 000 米的山路，而一颗螺丝钉才值 6 分钱。为了不耽误犁地，郭金富决定去找螺丝钉。有人认为，为了 6 分钱的生意要爬 15 000 米山路，还不够磨鞋底的钱，实在划不来。郭金富却觉得一颗螺丝钉虽小，却关系到生产队的耕作进度，误了生产可是大事。他冒着风寒，下山上山，一口气来回 15 000 米山路，找来了螺丝钉。第二天一早，他又赶忙将螺丝钉送到了龙床口生产队，并亲手安装到了步犁上。当大家知道他为一颗 6 分钱的螺丝钉跑了 15 000 米山路时，纷纷跷起大拇指说："石板岩供销合作社为咱办事，那真是没话说！"郭金富这种对工作的极端负责和对农民的深厚感情，正是扁担精神的真实写照。

此外，供销合作社与农民之间的深厚感情还体现在许多细节上。比如，农民把家里的钥匙交给供销合作社职工，信任他们进屋收农副产品、送生活用品。这种信任是建立在供销合作社职工长期以来对农民的贴心服务和无私奉献基础上的。在当地农民眼中，供销合作社职工不是普通的送货员、销售员，他们是"爬山虎""铁脚板""老黄牛""飞毛腿"。农民把供销合作社当成自己的家，亲切地称呼它为"山里人心上的供销合作社"。

课堂延伸

一根扁担见精神

"一根扁担两头弯，井冈山下把粮担。军民同心反封锁，革命斗争不怕难。"一首"挑粮歌"，唱出巍巍井冈山的那段峥嵘岁月。

1928 年，毛泽东带领的秋收起义队伍，同朱德带领的南昌起义部队，在井冈山会师了。两双大手紧紧地握在一起，开始了井冈山革命根据地的艰苦斗争。

会师之后，红军由原先的千余人增至上万人。由于井冈山地形狭小，产粮不足万担，粮食等供给成了大问题。"红米饭，南瓜汤，秋茄子，味好香，餐餐吃得精打光。干稻草，软又黄，金丝被，盖身上，不怕北风和大雪，暖暖和和入梦乡。"红军战士乐呵呵地唱着歌，然而革命乐观主义精神的背后是物资匮乏的辛酸与无奈。这时，敌人的"围剿"也在日益加剧。

面对如此严峻的斗争局面，在毛泽东、朱德等同志的领导下，红军采取了一系列的自救纾困举措：打土豪、分田地，使大部分佃农成为土地的主人；开办红色圩场，活跃根据地的贸易交易；用井冈山的竹木、油、茶等资源换取紧缺物资；开展群众性的熬硝制盐运动，缓解用盐压力……在这些打破敌人封锁"围剿"的举措中，声势浩大的、投入兵力最多的是挑粮运动。

当时，"一天一小仗，三天一大仗"，粮食存放在山下不安全，更不宜久留，须全部运上山贮存。那时上山没有公路，全靠肩挑人担，井冈山红军掀起了轰轰烈烈的挑粮运动。当时山下根据地征集的土地税粮，按片集中在茅坪谢冠南家、大陇尹家大店和柏路长富桥杨家祠。所以，挑粮路线有三条：茅坪线、大陇线和柏路线。顺着三条路线爬上黄洋界都有二十多公里，且山势陡峭，运一趟粮食上山是多么不易啊！

然而，任何困难都压不垮英勇的红军，他们精神抖擞地行进在挑粮小道上。走在队伍前列的是军长朱德。你看他，头戴草帽、脚穿草鞋，不顾山高路陡，同战士们一起挑粮上山。当时朱德已经四十二岁了，年纪偏大，又是军长，白天挑粮很累，晚上还要研究怎样跟敌人打仗，战士们怕他身体吃不消，就把他挑粮的扁担藏了起来。不料，朱德又找来一根扁担，上面写上“朱德的扁担”五个字。大家见了，就不好意思再藏他的扁担了。

在挑粮的队伍里，还有前委书记毛泽东的身影。不过他是背粮，用的是贺子珍特意缝制的一条粗布口袋，能装四五十斤谷子。来到运粮队伍前，他抖抖手中的布袋笑着说：“肩搭背扛，我还省着一条扁担呢！”沿途群众见毛泽东也来挑粮，惊奇地问：“毛委员，怎么还累着你挑粮？”毛泽东笑道：“号令一声三军动，我怎能不去呀？”战士们看见毛泽东、朱德都参加挑粮，十分感动、深受鼓舞，挑粮的劲头更足了，大家你追我赶，谁也不甘落后，很快把三十多万斤粮食运上了井冈山，解决了根据地的给养问题，支撑了井冈山工农武装的革命斗争，也为井冈山精神留下了浓墨重彩的一笔。

陈列于井冈山革命博物馆的“朱德的扁担”，论形状并没有什么特别之处。它和别的扁担一样，都是竹子做的，约三四尺长，中间稍宽，两头略尖。但这又是一根不平凡的扁担。扁担挑起的是希望。在井冈山斗争的艰苦岁月，大家一起挑粮，鼓舞的是士气，凝聚的是军心和民心，预示着革命胜利的希望。扁担见证的是真情。军长带头挑粮，战士藏起扁担，这“一挑一藏”里，彰显了官兵之间的浓浓真情。扁担孕育的是精神。任何时候、任何情况下，只要坚持自力更生、艰苦奋斗，就没有战胜不了的敌人、克服不了的困难。时下，扁担的实用价值也许并不大了，但其中蕴含的不畏艰难、团结克敌的精神，却永远不会过时。

小小扁担，一头挑着艰辛，一头挑着希望；一头挑着使命，一头挑着民心；一头挑着过去，一头挑着未来。

资料来源：乐其．一根扁担见精神[N]．中国纪检监察报，2022-08-12（7）．

思考

扁担精神为什么能够在时代的不断变革中得以传承发展？

（三）供销合作社精神文化的时代价值

供销合作社精神文化在新的时代仍然具有重要的时代价值，表现为以其独特的文化内涵和精神特质，在推动乡村振兴战略实施、引领服务创新、弘扬社会主义核心价值观等方面发挥着不可替代的作用。

1. 在推动乡村振兴战略实施中的实践价值

乡村振兴战略是新时代我国“三农”工作的总抓手，旨在推动农业农村现代化。在乡村振兴战略中，供销合作社通过发挥自身优势，积极践行扁担精神和背篓精神，为乡村产业发展、农民增收和乡村治理提供了有力支撑。具体而言，供销合作社通过完善农产品流通体系、加强农资供应保障、推动农业社会化服务等举措，有效促进了农村经济的繁荣发展。同时，供销合作社还积极参与乡村治理，推动乡村文明建设，为乡村振兴战略的全面实施做出了积极贡献。

2. 在引领服务创新中的示范价值

在引领服务创新方面，供销合作社精神文化所蕴含的勤劳、奉献和服务意识为现代服务业提供了宝贵经验。供销合作社始终坚持以服务“三农”为宗旨，不断创新服务模式、拓展服务领域、提升服务质量，实现了由相对单一的农资供应服务，向产前、产中、产后的一体式、配套化服务迈进；形成了产前机械化翻耕、土壤改良、统一育秧，产中测土配方、农资供应、农机服务、统防统治、技术指导，产后运输、加工、贮藏、包装、销售及配套金融、保险、信息等服务的格局，有效满足了农民多样化的服务需求，为现代农业发展提供了有力保障。

3. 在弘扬社会主义核心价值观中的文化价值

供销合作社精神文化与社会主义核心价值观具有高度的契合性。供销合作社精神文化蕴含的爱国、敬业、诚信等价值理念，正是社会主义核心价值观所倡导的基本道德规范。通过宣传和弘扬供销合作社精神文化，可以引导人们树立正确的世界观、人生观和价值观，增强社会责任感和集体荣誉感。这对于在全社会范围内培育和践行社会主义核心价值观，营造和谐、友善的社会氛围具有重要的推动作用。同时，供销合作社精神文化作为中华优秀传统文化的重要组成部分，将其传承和弘扬下去也有助于增强民族自信和文化自信。

二、丰富多彩的物质文化

供销合作社物质文化承载着供销系统的历史记忆和文化传统，通过独特的物质形态和符号体系，传递着供销文化的核心理念和价值观，塑造着供销系统的整体形象和文化氛围。

（一）供销合作社标识

为了统一供销合作社形象，提高全社会对供销合作社重要地位和作用的认识，2006年5月，中华全国供销合作总社发布了中国供销合作社标识。2007年5月23日，国家工商行政管理总局商标局将“中国供销合作社”标识确认为官方标志。

中国供销合作社标识是中国供销合作社的正式官方标志，由汉字“中国供销合作社”、英文“CHINA CO-OP”和“合”字的艺术图形构成。中国供销合作社标识设计富有深意，图案沿用了社徽图案，由四个变形的“合”字巧妙组合而成。“合”字来源于“中国供销合作社”的“合作”概念的内涵，“合”字本身就有“人合”之意，是区别于其他经济组织、体现合作社社会经济基础和思想文化特色的关键字。“合”又有“全”的意义，表现中国供销合作社人全心全意、甘于奉献的合作社精神。每个“合”字都又似一座丰满的粮仓，这一象征性设计，预示中国供销合作社作为农民的合作经济组织，以服务“三农”为宗旨。图案外形结构呈菱形，四个面和内方与外方的八个角象征“四面八方”，表现中国供销合作社作为合作经济组织，其合作领域的全面性和合作模式的多样性。

中国供销合作社标识不仅是对外展示的形象符号，更是中国供销合作社文化理念和精神风貌的集中体现。

中国供销合作社标识使用管理办法

（二）供销合作社展览馆

供销合作社展览馆通过展览、陈列和互动体验等方式，向公众全面、系统地介绍供销合作社的历史沿革、文化内涵、业务模式、发展成就以及对社会的贡献，其功能主要体现在以下几个方面。

1. 保存和展示历史文化资料

供销合作社展览馆收藏、保护和展示了全国供销合作社的珍贵历史资料和文化资源。这些资料包括文字资料、图片资料、影像资料、各类文件、领导批示等，是了解和研究供销合作社历史的重要依据。

2. 传承和弘扬供销合作社文化

作为供销合作社文化的传播窗口，供销合作社展览馆通过展示供销合作社的发展历程和成就，宣传供销合作社的价值观和精神风貌，有助于增强供销合作社的凝聚力和影响力，推动供销合作社文化的传承和发展。

3. 教育和培训功能

供销合作社展览馆是供销合作社干部和职工进行爱国主义教育和职业道德教育的重要基地。通过参观供销合作社展览馆，干部和职工可以更加深入地了解供销合作社的历史和使命，增强责任感和使命感。此外，供销合作社展览馆还可以为供销合作社的干部和职工提供职业技能和知识的培训，提高其业务水平和综合素质。

4. 促进合作经济研究和交流

供销合作社展览馆是专家、学者研究供销合作社历史和现状的重要场所。同时，供销合作社展览馆还通过举办各种学术研讨会和交流活动，促进供销合作社与其他经济组织之间的合作和交流。

课堂延伸

中国供销社博物馆

中国供销社博物馆位于江苏省南京市溧水区晶桥镇石山下村，建筑面积 3 600 平方米，于 2018 年 7 月开工建设，2019 年 4 月 30 日建成开馆。该馆由南京市溧水区供销合作社承建和运营管理，馆内采用现代科技手段及互动式体验，全面展现了供销合作社的发展印记、文化内涵以及新时期供销合作社服务“三农”的新格局。

展馆共分三层，其中一、二层为布展空间，第三层为多功能厅。布展按照供销合作社发展的时间顺序划分为五大篇章：合作溯源（1949 年以前）、发展印记（1949—1978）、改革前行（1979—1994）、砥砺奋进（1995—2012）、再铸辉煌（2012 年至今）。

第一层展厅主要围绕供销合作思想的起源、中国供销合作组织的产生和发展壮大等内容，突出供销合作社在支援革命战争、发展农业生产、保障城乡供应中发挥的重要历史作用，着重展现了经典的供销合作精神——扁担精神和背篓精神，反映了供销人“艰苦创业、勤俭办社、一心为民、开拓创新”的坚定信念和坚强意志。展厅中“出彩供销人板块”着重介绍了供销合作社不同时期的典型人物，为新时代供销人树立了学习楷模。

第二层展厅主要通过打造全国票证地图及供销社门市部复原空间，讲述供销合作社与农民生活、城乡物资交流以及儿童成长生活之间的联系，体现供销合作社“一手托两头”的重要作用。

在这里，从新中国成立初期供销合作社事业的有关史料到20世纪七八十年代的各种生活票据、生活用品，博物馆用丰富的藏品展示了供销合作社的历史文化。通过还原供销合作社生产资料供应点、农产品收购处、农技培训室、露天电影场等一系列场景，同时结合多媒体技术的运用，博物馆多元化讲述供销系统的发展历程，让观众身临其境感受当时的生活情境。走进二层展馆，仿佛穿越时空回到20世纪，供销合作社门市部老式柜台里的商品众多，搪瓷盆、热水瓶、梳子、香皂、布匹……散发着浓浓的怀旧风。在博物馆中，既可以让老一辈们找回记忆，重温那段激情燃烧的峥嵘岁月，也可让年轻一代了解历史，温故知新。同时，博物馆也给广大市民提供一个了解传承供销合作社文化的新基地、新视角，通过讲述供销合作社的创业史、奋斗史，在全社会树立起一座艰苦奋斗、无私奉献的不朽精神丰碑。

为了增强观众的参与性，博物馆采用了现代科技手段及互动式体验，观众通过扫描馆内AR小程序二维码，参与有奖问答和互动体验游戏可以挣得积分，获取馆内消费优惠，增添参观的趣味性和互动性。

资料来源：中国供销社博物馆[EB/OL]. 中国供销合作网，2021-06-18.

第三节　供销合作社文化与中国传统文化精神

供销合作社文化实质上与我国传统文化的核心价值一脉相承。供销合作社文化所包含的众多理念，实际上是中国优秀传统文化精华的集中体现。这些理念不仅展示了传统文化的深厚底蕴，更在现代社会中发挥了积极的作用，推动了传统价值理念的传承和发展。这种传承和发展，实质上是传统文化价值理念在现代社会中的转化和升华。

一、传统合文化：合作共赢

（一）合文化的传统内涵

合作共赢，即在交易或共同承担任务的过程中，各方基于互惠互利、相互促进原则的合作模式，旨在实现多方共同受益的目标。这一理念强调了合作的重要性，认为只有通过合作才能实现共赢，合作才能发展提高。

中华优秀传统文化倡导和合，推崇和谐，强调合作，追求和平，这体现了中华民族对于和谐社会的追求与向往。这种和合理念不仅具有深刻的哲学思考，而且融入了中国智慧，彰显了中华民族的价值取向与民族品格。“世界大同，和合共生”是中国几千年文明一直秉持的理念。《周易》的“保合大和乃利贞，首出庶物，万国咸宁”，强调要达到“大和”境界，赋予作为天下之大道的“和”以普遍的必然性与规律性。儒家经典《中庸》同样强调了“和”的重要性，“和也者，天下之达道也”。这句话将“和”提升为通达天下之道，即实现社会和谐、促进人类共同进步的根本途径。在《中庸》的哲学体系中，“和”不仅是一种内在的道德修养，而且是一种外在的社会实践。

（二）供销合作社合文化的特色与实践

供销合作社作为为农服务的合作经济组织，其运营理念和组织原则与“和合”思想高度契合。供销合作社以农民社员为主体，坚持自愿、互利、合作、民主等原则，通过合作共赢的方式推动乡村振兴事业的发展。这种合作模式不仅体现了供销合作社的社会责任感和历史使命，更是对中华优秀传统文化时代价值的深刻诠释。

课堂延伸

宿州市供销合作社创新治理机制 走好联合合作发展之路

供销合作社是有机的统一整体，联合合作是供销合作社的属性所在和市场竞争的优势所在，近年来，宿州市供销合作社创新服务形式，加强联合合作，推进资源整合、股权联合、业务融合，提升合作社整体竞争力，助力促进乡村振兴。

创新联合社治理结构，提高联合合作能力

一是市供销合作社在稳定市本级和县级供销合作社联合社机关参照公务员法管理，保持现有职能、人员编制和财政供给体制不变的前提下，优化市供销合作社联合社机关机构设置、职能配置，进一步强化创新供销合作社人事管理制度。二是落实各级供销合作社联合社对成员社的行业指导职责，探索供销合作社对社有企业的多种管理方式。三是理顺联合社与社有企业的关系。

开展系统内合作与联合，夯实基层组织体系

一是推行“党建带社建、村社共建”合作模式，成功创办一批村级供销合作社，形成具有宿州市特色的“宿州经验”。二是创新农民专业合作社合作发展。三是依托社有企业开展合作共赢。四是稳妥开展资本运作联合。

资料来源：宿州市供销社．宿州市供销社创新联合社治理机制走好联合合作发展之路[EB/OL]．宿州市供销合作社联合社网站，2022-06-21.

思考

新时期供销合作社内联外合的形式有哪些？

二、传统信文化：诚实守信

（一）信文化的传统内涵

以诚为本，以信立身，诚信自古以来就是中华民族的传统美德。其中“诚”指的是诚实不欺、真诚无伪的品质，要求人们在言行中保持真实性。“信”则强调信用和信任的重要性，要求人们信守承诺、遵守契约精神。在我国传统的史册中，留下了很多关于诚信的言论、典故和感人故事。孟子云：“诚者，天之道也。思诚者，人之道也。”（《孟子·离娄上》）他将诚信提升到了天道的高度，强调了追求诚信是人之为人的根本。孔子亦言：“民无信不立。”（《论语·颜渊》）他指出信任是国家和社会稳定的基石。在《弟子规》中，“凡出言，信为先。诈与妄，奚可焉？”的训诫，告诫人们在言语中首先要体现诚信，欺诈与虚妄绝不可取。《论语》中的“言必信，行必果”以及“人而无信，不知其可也”等经典名句，均凸显了诚信在人际交往和社会运行中的重要性。李白的诗句“三杯吐然诺，五岳倒为轻”等，则以生动的文学形式展现了古人对诚信的至高崇尚。

（二）供销合作社信文化的特色与实践

大道至简，悟者天成。对于供销合作社而言，诚实守信既是凝聚力，也是生产力。自艰苦的创业时期起，供销人便秉承守信为民的宗旨，不畏艰难险阻，坚持诚信经营。这种精神传承至今，已成为供销合作社不可或缺的核心价值观。历代供销人将诚信理念内化为行为准则，并在实践中不断弘扬和强化诚信文化。

诚信作为中华民族的传统美德和供销合作社的文化内核之一，一直是推动供销合作社事业蓬勃发展耀眼的底色。在未来的发展中，供销合作社应继续坚持和弘扬诚信文化，不断提升自身的信誉度和影响力，为实现更高质量的发展贡献力量。

课堂延伸

第五届“十佳美丽晋江人”“诚实守信”青阳供销合作社群体

管吃管住管工作，历经供销合作社七任负责人

李抚西，1929 年 3 月 11 日出生于菲律宾。大概在 1963 年的时候，青阳居委会工作人员得知李抚西无依无靠、孤苦伶仃，并且没有收入来源，于是找到青阳供销合作社。经过协商，青阳供销合作社将李抚西安排到供销合作社一楼的食堂帮忙。自此，李抚西和青阳供销合作社绵绵不断的缘分就这样开始了。青阳供销合作社的历任负责人和全体干部职工都一直遵循着一条道德信念，把照顾李抚西的生活当成每个人应尽的责任和义务。这不仅是一份爱心，更是践行诺言的一次坚守。

供销合作社改制后，爱的约定依然被承租者坚守

2004 年，供销合作社改制，大部分职工都离开了，供销合作社的食堂也停办了。食堂停办后，供销合作社把场所对外出租，而承租的一个先决条件就是承租人必须承担照顾李抚西的三餐饮食的责任。粘主任介绍，他们只出租给餐饮业，这样才方便照顾李抚西的一日三餐。承租者都会信守承诺，每日三餐按时送饭给李抚西。现在这一家饭店也已经租

了四五年，一直负责李抚西的一日三餐。

约定俗成的习惯，半个世纪的爱心还在继续

半个多世纪，可以改变很多东西，然而始终不变的，是这一份持续了半个多世纪的爱心和践行诺言的坚守，是如李抚西亲人一样的青阳供销合作社新老职工的热情与爱。

思考

供销合作社在发展过程中，为什么要坚定不移地遵守诚实守信的文化品质？

三、传统义利文化：居利思义

（一）义利文化的传统内涵

义利观，是一种经济伦理思想。义者，“事之所宜也”。义利观是某种特定的伦理规范、道德原则。儒家的许多经典作品中都有对义利关系的表述。在孔子的思想体系中，君子作为理想人格的代表，其行事准则必须以义为最高标准。这种尚义轻利的观念在《论语》中得到了充分体现，它并不完全否定人们对利益的追求，但强调这种追求必须建立在义的基础之上。例如，《论语》中的“饭疏食，饮水，曲肱而枕之，乐亦在其中矣！不义而富且贵，于我如浮云”便是对这一观念的生动诠释。孟子进一步发展了义利观念，他在面临生死与义利的抉择时，坚定地主张舍生取义。这种观念表明，在孟子看来，义的价值远远超过生命和利益。与此同时，孟子也强调义相对于言信行果的优先性，进一步凸显了他对义的高度重视。董仲舒则对义利关系进行了更为深入的探讨。他认为，义与利对于人的生存和发展都至关重要，但人的精神生命比肉体生命更为重要，因此道义也相应地比功利更为重要。董仲舒的这种观点无疑是对儒家重义轻利传统的明确继承，他强调了人超越功利追求精神价值的重要性。义利之辩作为中国古代伦理学的核心命题之一，经过历代思想家的不断探讨和诠释，逐渐形成了重义轻利、舍生取义、以义制利等具有代表性的观念。这些观念不仅构成了中国古代社会主流伦理思想的重要组成部分，而且至今仍然对中国人的道德观念和行为选择产生着深远影响。它们以重义轻利为基础，构成了立身处世的终极追求和每个中国人耳熟能详的道德准则。

（二）供销合作社义利文化的特色与实践

在现代社会背景下，习近平总书记提出的正确义利观为处理国际经济关系提供了新的视角。这一观念强调在追求自身利益的同时，要兼顾他国利益和国际公义，实现经济效益和社会效益的有机统一。正确义利观体现的对义和利的正确诠释，做到义利兼顾，与在经济活动中注重经济效益和社会效益具有一致性。这种观念对于指导供销合作社等经济组织的实践具有重要意义。

对于供销合作社而言，作为兼具公益性、服务性和经济性的组织，在经济实践中必须妥善处理义利关系。一方面，供销合作社要坚守为农服务的根本宗旨，将农民的利益放在首位，通过提供优质的产品和服务来满足农民的需求。另一方面，供销合作社要注重经济效益的提升，通过创新经营模式、提高管理效率等方式来实现可持续发展。在这个过程中，义与利的辩证统一成为供销合作社经济实践的重要指导原则。通过正确处理义利关系，供销合作社可以更好地平衡经济效益和社会效益的矛盾，实现自身的可持续发展和践行为农服务的宗旨。

课堂延伸

擦亮老字号招牌 拼出华联新奇迹

作为永康市供销合作社的全资企业和永康市的老牌商业企业，华联商厦已成为永康百姓心中的一个标志、一个符号。自 1996 年开业以来，华联商厦全面实施“择新、择优、择重”战略，推行规范化服务和服务质量标准化管理，秉承“质量第一是永恒的追求，讲求信誉是生存的根本，顾客满意是服务的宗旨”的经营理念，在社会各界的支持及全体华联人的努力下，取得了经济效益和社会效益的双丰收。

华联商厦在溪心开了一家 1.5 万平方米的大型综合商场。有别于华联商厦原有经营模式，华联溪心店更注重提供多样化社会功能和一站式生活配套服务。商场二楼设精品超市，三楼设餐饮休闲、儿童娱乐、教育培训和社交游憩等项目，商场装修设计个性时尚、购物环境宽敞舒适、商品种类繁多品种齐全、数字化自助结算方便快捷。同时华联商厦还秉承了供销合作社为农服务宗旨，专门设立农副产品放心柜，直接对接大规模的种植户，与菇尔康等专业合作社合作，为消费者提供新鲜、安全、高品质的食品。

在创造经济效益的同时，华联商厦不忘回馈社会，20 余年来共扶贫救助近 300 人次，用于扶贫救助等社会公益事业共计 250 余万元，以实际行动诠释了义利并举的新时代永康企业家精神。

思考

供销合作社应如何考虑为农服务与市场运营之间的均衡关系？

课后习题

一、单项选择题

1. 下列哪个供销合作社是扁担精神的发源地？（　　）

A. 河南省林州市石板岩供销合作社

B. 北京市房山区周口店供销合作社黄山店分销店

C. 浙江省平湖市新仓镇供销合作社

D. 山东省滨州市邹平市九户供销合作社

2. 下列哪个供销合作社是背篓精神的发源地？（　　）

A. 河南省林州市石板岩供销合作社

B. 北京市房山区周口店供销合作社黄山店分销店

C. 浙江省平湖市新仓镇供销合作社

D. 山东省滨州市邹平市九户供销合作社

3.《周易》的“保合大和乃利贞，首出庶物，万国咸宁”，强调的是（　　）文化。

A. 传统合文化　　B. 传统信文化

C. 传统义利文化　　D. 传统孝文化

4. “凡出言，信为先。诈与妄，奚可焉？”出自（　　）。

A.《中庸》　　B.《弟子规》

C.《论语》　　D.《礼记》

5. 下列标识中哪一项是中国供销合作社标识（　　）。

A. 

B. 

C. 

D. 

二、论述题

1. 简述供销合作社文化的功能。

2. 简述供销合作社精神文化的时代价值。

3. 简述供销合作社展览馆的功能。

4. 简述中国传统文化精神在供销合作社文化中的体现。

实训任务

1. 5～6人为一组，寻找身边的供销合作社老物件，对收集到的老物件进行分类整理，记录其名称、年代、用途等信息。通过访谈供销合作社老员工、查阅资料等方式，挖掘老物件背后的故事和文化内涵，并形成调研报告。

2. 团队实训考核评价。

实训考核评价表如表3-1。

表3-1　实训考核评价表

组别	考核点							总分
	资料翔实	逻辑清晰	文字流畅	观点明确	调研深入	团队合作	其他方面	
第1组								
第2组								
第3组								
……								
第 n 组								

第四章

新时代供销合作社文化的创新发展

学习目标

知识目标

通过本章学习，你应该：

1. 掌握供销合作社脱贫攻坚的创新实践内容。
2. 掌握供销合作社巩固脱贫攻坚成果的创新实践内容。
3. 掌握供销合作社发展区域电商的内容和方式。
4. 掌握供销合作社发展数字农合联的内容。
5. 掌握供销合作社助力共同富裕的路径和形态。

素质目标

通过本章学习，你应该：

1. 具备投身巩固脱贫攻坚成果等重大任务的历史担当。
2. 具备紧跟数字化时代的创新精神和奋斗精神。
3. 具备带动农民共同富裕的社会责任感。

导入案例

时代楷模 改革尖兵

2018 年 1 月，全国供销合作社系统先进集体、劳动模范和先进工作者表彰大会在北京人民大会堂隆重召开，300 个先进集体、69 名劳动模范和 30 名先进工作者受到表彰。

在这荣耀时刻，他们成为供销人的骄傲。他们不仅用言行继承和发扬着供销合作社不忘初心、一心为农的优良传统，而且用自己的辛勤劳动谱写了许许多多的动人事迹，赋予了“供销合作社精神”新的时代内涵。

若是把他们的事迹放在整个农业发展的进程来看，他们的贡献并没有那般耀眼，既没有震惊世界的科技创新，也没有改变历史的伟大壮举。与那些功业显赫的“大人物”相比，他们显得那么平凡，那么普通。他们偏居一隅，钟情一业，致力于红枣、核桃、蔬菜这些寻常之物的生产及销售，似乎不值一提。然而，正是这寻常之物却事关亿万国人的生存与富裕。正是有千万个这样为农、姓农、甘守平凡的人，才形成了供销合作社改革发展的大势，构筑了供销合作社服务“三农”的磅礴之力。

他们是普通人，带着服务“三农”的赤诚之心；他们是劳模，带着泥土和青草的芳香。

◎**案例思考：**为什么这些先进典型在新时代下的供销合作社工作中，还能有光辉的工作成绩？背后体现了供销合作社怎样的创新发展态势和文化精神？

第一节 供销合作社的脱贫攻坚

一、供销合作社脱贫攻坚的背景

党的十八大以来，以习近平同志为核心的党中央把脱贫攻坚摆在治国理政的突出位置，把脱贫攻坚作为全面建成小康社会的底线任务，作出一系列重大决策部署，全面打响脱贫攻坚战，困扰中华民族几千年的绝对贫困问题历史性地得到解决，脱贫攻坚成果举世瞩目。脱贫攻坚伟大成就充分彰显了中国共产党领导和我国社会主义制度的政治优势，脱贫攻坚伟大实践为全面推进乡村振兴提供了宝贵经验。

随着2020年我国全面实现脱贫，当前我国已经进入做好巩固拓展脱贫攻坚成果同乡村振兴有效衔接的工作进程中，这意味着脱贫摘帽不是终点，而是新生活、新奋斗的起点。因此，打赢脱贫攻坚战、全面建成小康社会后，要在巩固脱贫攻坚成果的基础上，全面推进乡村振兴，接续推进脱贫地区发展和群众生活改善。做好巩固拓展脱贫攻坚成果同乡村振兴有效衔接，关系到全面建设社会主义现代化国家和实现第二个百年奋斗目标。

对于脱贫攻坚和做好巩固拓展脱贫攻坚成果同乡村振兴有效衔接，供销合作社有责任、意愿和能力。供销合作社是为农服务的合作经济组织，是党和政府做好“三农”工作的重要载体。全力投入决战决胜脱贫攻坚，是供销合作社的重大责任和使命，是关键时刻践行宗旨意识、体现责任担当的重大考验，也是供销合作社提升为农服务能力和实力的重大机遇。实现巩固拓展脱贫攻坚成果同乡村振兴有效衔接，既是供销合作社义不容辞、责无旁贷的政治任务，又为供销合作社提供了重大发展机遇，应把握职能增强责任感，聚焦任务增强紧迫感，积极投身全面推进乡村振兴伟大实践，为巩固拓展脱贫攻坚成果同乡村振兴有效衔接贡献供销力量。

二、供销合作社脱贫攻坚的创新实践

（一）开展消费扶贫

1. 加强贫困地区农产品产销对接

按照线上线下相结合的方式，依托各类电商平台，组织系统商贸连锁、农产品批发市场等流通企业设立消费扶贫专区专柜，构建扶贫产品线上线下销售体系，促进各类流通、电商企业与贫困地区建立长期稳定的供销关系。

2. 组织贫困地区农产品进组织单位

动员系统广大干部职工及全社会力量，通过“以购代捐”“以买代帮”等形式，集中购买贫困地区农产品。

3. 组织贫困地区农产品展销会

打造具有供销合作社特色的展会品牌，更好地帮助贫困地区推介、展示、销售农产品，探索“联采联销”农产品洽谈交易方式，形成全系统农产品销售的整体合力，逐步提升供销合作社影响力、带动力。

4. 提供贫困地区滞销产品市场信息

建立贫困地区农产品滞销快速响应机制，利用“供销应急通”平台，及时上传农产品供需情况，实现农产品供需双方互联互通。

5. 完善贫困地区农产品助销硬件

鼓励系统大型冷链物流企业、农产品批发市场在贫困地区布局建设仓储保鲜冷链物流设施，加快贫困地区县、乡、村三级配送网络建设，加强与第三方物流企业合作，减少中间环节，实现快递物流高效配送。

（二）开展对口支援

1. 增强对口支援能力

共同谋划定点帮扶与帮扶县供销合作社改革发展，把帮扶点作为综合改革的实验点，培育壮大帮扶县供销合作社实力，提升为农服务能力。

2. 完善对口支援政策

按照尽锐出战的要求向定点帮扶地区选优派强扶贫挂职干部。加大对帮扶地区资金和项目投入力度，因地制宜发展扶贫产业，带动贫困户稳定脱贫。通过直接购买和帮助销售等方式构建长期稳定的产销关系，帮助贫困户实现持续增收。

3. 开展技术技能培训

加大对帮扶地区贫困户技能培训力度，增强自我发展能力，统筹整合资源，创新帮扶方式，巩固脱贫攻坚成果。

（三）开展集中攻坚

1. 强化贫困地区脱贫攻坚

通过开展消费扶贫、产业扶贫、科教扶贫等，把深度贫困地区的农业社会化服务和商品流通服务作为供销合作社发展壮大的主战场，助力如期完成脱贫摘帽任务，实现可持续发展。

2. 建立扶贫协作产业联盟

鼓励支持系统龙头企业，探索建立扶贫协作产业联盟，采取更加灵活的市场化方式到深度贫困地区和未摘帽贫困县投资兴业，参与当地经济社会建设。

3. 强化扶贫工作财政支持

各级供销合作社发挥财政专项资金、产业发展基金、基层组织发展专项资金的资金优势，加大对贫困地区的支持力度。

（四）开展扶贫协作

1. 完善扶贫协作工作机制

建立东西部供销合作社对口扶贫协作机制。东部地区供销合作社要加强与西部贫困地区的项目合作，根据贫困地区资源禀赋，组织系统中有实力的龙头企业赴贫困地区投资扶贫项目，完善销售贫困地区产品终端建设。

2. 打通东西产品销售渠道

充分利用各类展示展销会，搭建东西部产销对接平台，展示推介西部贫困地区优质特色农产品，组织动员东部地区供销合作社积极购买西部贫困地区产品。

3. 发挥企业强弱带动作用

推动东部地区社有龙头企业农业社会化服务和农产品加工能力与西部地区对接；支持和鼓励系统区域间建立扶贫协作联盟，促进贫困地区优质农产品资源与发达地区市场对接，实现合作共赢。

课堂延伸

百年“老店”供销合作社倾情助力脱贫攻坚

近年来，西昌市供销合作社紧紧围绕党中央、国务院的战略部署，对标对表省、州、市的安排要求，以提升农民的组织化程度为着力点，以各方合作共赢为目标，在组织引领、团结带动社会各级力量发展产业经济方面做了不懈的探索，在助力脱贫攻坚、夯实乡村振兴的基石方面取得了一点成效。

简而不凡，谋定即动。西昌市供销合作社采取“供销合作社＋合作社＋村集体”的模式，实现了职责明确、权责对等、利益均沾、合作共赢，最大化供销合作社和村集体利益。得益于基地春季丰富的山茶、杜鹃、刺梨等十余种野山花，中蜂养殖示范基地收获近万斤纯天然山花蜜，迎来了“甜蜜事业”的开门红。

道法自然，品质为先。紧紧围绕当地生态优势和蜜源种类，注重人与自然和谐共生，西昌市供销合作社组织社属供销投资有限公司和原野蜂业产销专业合作社制定科学规范的生产、管理流程，恪守百花成蜜的自然法则，坚持日常管理不饲喂激素类药物和蔗糖类产品，生产加工不添加、不浓缩、不掺假，每批次原蜜抽样留存、送检，保证产出的每一滴蜜都源自天然。

团结各方，凝聚力量，抱团攻坚。供销人，平凡人；追蜂人，传承人。西昌市供销合作社在项目推进中秉持提高农民组织化程度，以供销合作社为核心，构建起组织领导、技术服务、生产加工、品牌打造、线上线下一体化营销的全链条产业群，为村集体经济“造血”“供血”注入强大动能。

三、供销合作社巩固脱贫攻坚成果的创新实践

（一）开展产业帮扶

1. 发展当地特色产业

主动参与脱贫地区乡村特色产业规划，根据资源禀赋和区域布局，重点围绕棉花、茶叶、果品、食用菌、蜂产品等供销合作社传统优势业务，大力培育龙头企业、农民专业合作社等经营主体，加快发展对低收入人口有明显带动作用的特色产业。

2. 推进产品品牌建设

通过实施“中国茶叶品牌计划”“果业振兴百县行动”等，帮助提升脱贫地区特色农副产品品质和品牌价值。鼓励系统企业在脱贫地区建设农产品加工、仓储物流、产地批发市场等项目。

3. 助力易地扶贫搬迁工作

充分发挥供销合作社系统产业主体众多、经营服务网络健全等独特优势，参与做好易地扶贫搬迁后续扶持工作，聚焦原深度贫困地区、大型特大型安置区，从产业发展方面加大帮扶力度，持续巩固易地扶贫搬迁脱贫攻坚成果，帮助搬迁群众稳得住、有就业、逐步能致富。

（二）开展科教帮扶

1. 开展科技服务

支持系统科研院所开展多种形式的“科技赋能”帮扶行动，组建科技服务团队，在农作物病虫害防治、农产品综合利用、产后加工储藏、新产品技术转化应用和质量安全保障等方面加大科技帮扶力度。

2. 开展助学服务

鼓励系统各类职业院校对脱贫地区低收入家庭学生开展教育帮扶。

3. 开展培训服务

发挥系统事业单位和行业协会帮扶优势，积极开展政策协调、信息服务、行业培训等活动，实现帮扶资源与致富举措的有效对接。

（三）提供生产生活服务

1. 建设村综合服务社

持续深化供销合作社综合改革，积极开展“三位一体”综合合作，打造服务农民生

产生活的综合平台。结合贫困村易地搬迁等实际，优化农村综合服务社布局，新建一批农村综合服务社。

2. 建设农业社会化服务联盟

指导系统骨干社有企业和农业社会化服务主体组建供销合作社农业社会化服务联盟，提升服务水平。

3. 完善基层供销合作社

制定基层供销合作社示范章程、基层社建设指引，利用定点联系工作机制，引导脱贫地区基层供销合作社强化基层社合作经济组织属性，打造成为乡镇为农服务综合体。

4. 推进村综合服务社规范建设

组织各地供销合作社持续开展农村综合服务社星级社建设，打造一批建设标准高、服务功能全、群众评价好的星级综合服务社，带动农村综合服务社加快改造硬件设施，优化消费环境，不断满足当地农民生产生活需求。

（四）促进农产品上行

1. 推进冷链建设

大力实施供销合作社农产品冷链物流和市场建设工程，在脱贫地区中农产品优势产区建设适度规模的产地预冷、仓储保鲜、冷藏运输等设施，加快补齐冷链物流设施短板；整合利用系统在脱贫地区现有仓储配送中心及土地资源，改造或新建一批区域冷链物流中心；积极引入社会优质资源，通过参股控股、兼并重组、协作联盟等方式，帮助脱贫地区培育打造一批专业化的冷链物流企业。

2. 创新运行模式

强化冷链物流业务模式创新，探索“供应链＋服务”、生鲜电商、社区团购、网红带货等业务模式；深化与农产品供应链龙头企业合作，实现冷链物流向全产业链延伸。

（五）提供环境服务

1. 提供生活环境治理服务

推动再生资源回收利用网络向脱贫地区延伸，积极参与构建符合脱贫地区实际、方式多样的生活垃圾收运处置体系，开展脱贫地区农村生活垃圾分类处理，积极推进再生资源回收利用网络与环卫清运网络“两网融合”。引导环保型、专业型乡村环境服务龙头企业在脱贫地区开展农村环境服务。

2. 提供生产环境治理服务

在脱贫地区大力发展生态农业、循环农业，引导农民采用减量化、再利用、资源化的农业生产方式，深入实施“绿色农资”行动，探索开展秸秆综合利用、废旧农膜回收利用和农药包装废弃物回收利用。

（六）开展协作帮扶

1. 开展重点支持

结合供销合作社实际，集中支持乡村振兴重点帮扶县。利用“新网工程”专项资金、产业发展基金、合作发展基金等对乡村振兴重点帮扶县申报的项目优先予以投资扶持。

2. 开展东西协作

完善东西部协作机制，鼓励东部地区供销合作社聚焦西部乡村振兴重点帮扶县，进一步加强产业合作、劳务协作、人才支援；引导东部地区供销合作社所属企业到西部地区，特别是革命老区、民族地区、边疆地区投资兴业，参与当地经济社会建设。

3. 做好定点帮扶

完善定点帮扶机制，结合供销合作社职责职能，统筹整合资源，创新帮扶方式，持续在产业发展、资金投入、人才培训、发展思路上为帮扶县做实事，助力帮扶县巩固拓展脱贫攻坚成果同乡村振兴有效衔接。

课堂延伸

往产地走 打造“造血式”消费扶贫样本

市场是供销部门重要的为农服务窗口。浙江省供销合作社系统自有农批市场、农贸市场，托管农批市场、农贸市场。如何利用好这些资源，让消费扶贫往市场走，让市场成为扶贫产品的重要销售窗口？

四川省凉山彝族自治州西昌市某果园迎来了一批特殊的客人——浙江嘉兴水果市场的水果批发大户们。他们看着挂满树枝的葡萄，和当地果农谈起了“育果经”。西昌葡萄种植基地有了市场大户“专家式”的指导，顿时热闹了起来，一位果农笑盈盈地说：“有了品质更好的葡萄，以后再也不愁卖了！”

在“要我卖”变为“我要卖”的背后，是农批市场人的默默努力。在浙江金华，金华市供销合作社依托农批市场优势，引导一批农批市场大户走进对口地江西南充，挖掘城市消费者欢迎的产品，带动有地方特色的产品走出大山；农批市场组织商户长期驻守对口帮扶地区，消费扶贫工作由销售向生产、加工、仓储、物流等环节延伸，既帮扶了贫困农户，又采购了优质产品，仅2020年上半年，销售新疆、四川、吉林等地产品的销售额就达3.7亿元。

在消费扶贫实践中，浙江省供销合作社积极往生产端延伸，走进对口帮扶地区、走进贫困农户，开展精准的可持续消费扶贫。

思考

供销合作社为什么要投身脱贫攻坚工作？这体现了哪些供销文化和基础优势？

第二节 供销合作社的数字化

一、供销合作社发展区域电商

（一）发展内容

1. 推动传统流通业转型升级

（1）连锁门店信息化改造。连锁超市、便利店等实体网点进行信息化改造，使顾客在满足传统线下体验消费的同时，拓展线上咨询、商品筛选、产品预定和交易结算等经营功能，提供网订店取、代收代发、物流配送等综合服务，推动传统流通业态转型升级。

（2）商场百货信息化改造。大型商场、日用百货等实体店增强场景化、立体化、智能化展示功能，增加餐饮、休闲、娱乐、文化等设施，推动线上交流互动、引客聚客、精准营销与线下真实体验、品牌信誉、物流配送相融合，尽快向多样化商业服务综合体转型。

（3）农批市场信息化改造。农产品批发市场发挥供应链的核心作用，创新经营模式，向生产、零售产业链的两端延伸，发展以同城配送为重点的农产品电商，逐步实现由商品批发向供应链管理服务的转变。

2. 打造供销电商“本地生活”

（1）打造城市电商“本地生活”。研究开发符合城市居民生活和消费习惯的电商功能，找准业务的切入点和合作对象，聚合社会商业网点资源，重点抓好商品组织和仓储物流配送，把线下网点的日用消费品、生鲜农产品销售嫁接到网上，同时拓展快递、家政、餐饮、在线旅游等多种形式的生活服务，努力打造供销电商“本地生活”，构建以电商业务为引领的供销合作社新型经营服务网络。

（2）打造农村电商“本地生活”。重点满足农民生产经营的需求，通过引入电子商务，推进农资销售和农业社会化服务的在线化，面向农民和各类新型经营主体提供质量追溯、测土配方、农技培训等在线服务，提高农业生产的技术水平和效率。

3. 发展农产品电子商务

（1）做强电商发展载体。供销合作社要努力成为各地农产品电商的重要参与者和组织者，联合农产品经营企业、农民专业合作社和农产品生产基地等主体，整合当地农产品资源，提高农产品的商品化、组织化水平，根据农产品的不同特点开发网络适销的品种。

（2）创新电商发展模式。生鲜农产品重点发展“中央厨房”、同城配送等业务，对接机关、学校等团体单位开展集采集配，面向城市居民建设社区生鲜农产品零售网络。

（3）完善电商配套服务。重点推进地方名优特农产品全网销售，提高农产品加工、产品包装、营销策划等方面配套服务。强化农产品供给质量，从生产源头加强农产品质量管理，促进农产品生产的标准化、规范化；建立健全农产品质量检验检测体系，加快二维码、OID（对象标识符）在农产品质量追溯中的推广应用。

（4）加强电商品牌建设。加大宣传推广力度，打造拳头产品，形成供销合作社农产品电商的品牌集群，提高市场影响力和美誉度。

4. 构建智慧物流网络

（1）完善城市智慧物流网络。围绕城市社区的商品配送，各地供销合作社根据自身情况和当地实际，综合比较自建物流和与第三方物流合作的优劣，择优进行选择，构建快捷、高效、低成本的物流配送网络。

（2）完善生鲜智慧物流网络。围绕生鲜农产品同城配送业务，从提高物流配送速度和保障农产品质量入手，逐渐完善农产品产地预冷、全程冷链配送、终端生鲜自提柜等冷链物流基础设施，实行物流配送信息实时共享查询，建立从农产品生产基地到餐桌的全程专业化冷链物流配送网络。

（3）完善农村智慧物流网络。围绕破解农村电商物流“最后一公里”难题，县级供销合作社利用现有农村物流和商业网点，与社会快递企业在资本、业务等方面的合作，通过市场运作、优势互补，建立县级快递分拣中心、乡镇物流站和村级电商服务点三级物流配送体系，通过将配送到乡村的快件集中到县级分拣中心统一配送等方式，提高物流配送的规模效益，降低配送成本，为农村电商发展提供强有力的线下物流支撑。

（二）发展方式

1. 坚持上下联动

（1）制定电商标准。“供销 e 家”作为系统电商的总平台，对供销合作社区域电商发展起着统筹引领作用。要抓紧研究制定农产品电商的产品和业务标准，建立优质商品资源共享机制和品牌库，努力为区域电商发展提供技术、业务和金融等综合性的支持和服务。

（2）推进资源整合。区域电商是“供销 e 家”发展的基础，要在努力打造集商品销售和本地服务于一体的区域电商生态圈的同时，积极组织区域内商品、服务等各类资源对接“供销 e 家”全国平台。

2. 坚持重点突破

在推进区域电商发展过程中，要始终把发展电商运营中心作为工作重点，依托区域电商企业，着力建设一批高水平、标准化的电商运营中心，重点强化其在商品运营推广、货源组织、物流配送、质量把控、人才培训等方面的功能，使之成为区域电商发展的重要支撑。

3. 坚持开放共享

（1）推进合作共建。工作推进过程中，既可以利用自有的实体网络，也可以整合社会上的商业网点资源；既可以自建物流，也可以与第三方物流进行合作，努力实现资源利用和经营效益的最大化。

（2）强化机制创新。要强化体制机制创新，加强产权、技术、品牌等方面的联合合作，积极引入社会资本和专业人才，集聚各方面的资源，用社会资源的优势弥补自身的短板和不足，不断增强供销电商的持续发展能力。

课堂延伸

重庆供销电商产业发展公司：“村村旺”农村电商综合服务平台

“村村旺”作为全国首个以大数据和交易结算为核心驱动的农村电商综合服务平台，以“三社”融合发展智能化云服务平台为基础，充分依托供销组织体系优势，按照“搭平台、建体系、加服务”的思路，着重推进以订单农业为特色的农产品上行和以网点赋能为特色的工业品下行，聚焦农村电商运营、交易结算、农村大数据、供应链金融服务、电商产业园运营 5 大业务板块联动，提供农业全产业链增值服务，助力农产品卖得多、卖得远、卖得好。

一是解决农产品上行问题，与 30 多家线上线下渠道单位建立了稳定的基地直供关系，并让联结的基地都能卖得好。二是解决日用消费品下行问题，建成“村村旺”集采集配中心，与厂家及供应商就商品建立了稳定的供应关系，服务基层网点，让网点获得价优质优的商品。三是推进农民专业合作社信用评价体系的建设，通过“村村旺”农服通信息平台以及“村村旺”交易平台，为新型农业主体提供信用贷款服务。

思考

供销合作社为什么要发展电商业务？这体现了供销合作社的哪些品质？

二、供销合作社发展数字农合联

（一）发展背景

1. 浙江省数字化高水平提供基础

浙江是数字化先行地，早在2002年，中共浙江省第十一次党代会就作出了建设“数字浙江”，全面推进现代化建设的重大决策。2003年9月，浙江省政府出台《数字浙江建设规划纲要（2003—2007年）》。多年来，浙江数字经济突飞猛进地发展，为浙江高质量发展注入了强劲动力。实施数字经济“一号工程”等，成为浙江经济结构转型升级和高质量发展的新动能。浙江省在“互联网+”、云计算、大数据等领域的先发优势和各行各业的数字化转型，为数字农合联建设提供了良好的外部环境。

2. 数字技术广泛应用提供内生动力

浙江是互联网大省。随着数字技术的推广和应用，智能感知、智能分析、智能控制等数字技术加快向农业农村渗透，农产品质量安全追溯、农兽药基础数据、重点农产品市场信息、新型农业经营主体信息直报等平台建成使用，“智慧农资”“网上庄稼医院”等线上农技服务逐步覆盖，农产品电商广泛发展。

3. 农合联完善组织体系提供平台支撑

通过2014年7县试点、2015年20县推开、2016年所有市县铺开，2017年省农合联成立，浙江省全面建成省、市、县、乡四级农合联农民合作经济组织体系，将6.61万个农民合作经济组织和各类涉农服务组织（企业）全面组织起来。农合联具有组织的社团性、属性的合作性、服务的综合性、治理的民主性四个显著特点。农合联这一上下贯通的大平台，为数字化的推行提供了组织基础，有利于建立统一的数字平台、数字体系。

（二）发展内容

1. 推进生产数字化

（1）推进基础设施建设。在生产数字化方面，立足“一中心五片区”农合联，布设物联网示范基地，开展农业小气候观测站、视频监控系统、品控系统等建设，实现产品生产过程关键要素及时获取、实时监测、全程可控。

（2）完善线上服务功能。畅通生产主体与部门机构、农服企业、种植专家、市场终端、消费者之间的数据交流，提供可视管理、农技指导、农资供销、农药废弃包装物回收等10余种在线服务，指导农户在种植作业过程中精确施肥、用药、用水，减少要素投入，基本实现生产服务工作由线下向线上平移。

（3）提供全程追溯服务。金服在线公共服务平台统筹物联网信息，综合农产品生产、农资使用、农残检测、物流跟踪等全链条数据，实现全品类一码追溯，建立从田头到餐桌的信息对接机制。

2. 推进流通智慧化

（1）促进数字资源共享。通过搭建云服务信息发布平台，统筹生产基地管理系统、农资实名制闭环管理系统、智慧物流管理系统、信息化销售终端等环节，集农事记录、农资使用、在线交易、信息发布、车辆跟踪、货物查询、技术咨询、产业动态分析等信息于一体，促进生产、冷藏、运输、批发、零售等各环节的数据资源共享。

（2）提供市场信息反馈。云服务信息发布平台实时反馈市场信息，使农产品生产者和经营者更加直观、高效、准确地了解市场需求并掌握消费反馈，不断提升农产品生产、流通的指向性和精确性。

3. 推进授信在线化

金服在线公共服务平台把农村互助会（社）里农信担保等业务的办理、审核、审批信息接入数据系统，并与金融机构互联共享有关农业主体的历史信用、资产状况、货款需求及货款用途、风险等级等资信信息，为生产主体提供免抵押信用贷款。

4. 发展销售新业态

（1）打造智能化品控流通体系。金服在线公共服务平台还完成了品控分拣体系、仓储物流体系、智慧零售体系、采后培训体系建设，通过 5G、人工智能、北斗、AR 等新技术的综合运用，打造智能化品控流通体系。

（2）提供数字生活新服务。推进数字生活新服务，加快部署掌上菜场、社区门店信息化改造、社区智能终端柜投放、无人销售网点建设、线上集团采购通道等数字商贸新业态，推广农产品“电子商务 + 冷链宅配”服务新模式，促进农产品销售便捷化、精准化、智慧化。

课堂延伸

数字农合联（浙农服）打造为农服务新模式

开发建设“浙农服”平台，实现与“三位一体”改革高度契合。平台横向联结农业农村、农业科研、气象、财政、供销、农信、保险等多个部门和单位，纵向贯通省、市、县、镇、村 5 级，集成生产服务、流通服务、金融服务和政府服务等系统，构建数据仓库，整理数据目录，协同解决种什么、怎么种、卖给谁、找资金、办保险、领补贴等问题，实现惠农政策“一屏智治”、为农服务“一键直达”、农业产业“一网集聚”、农品安全“一码溯源”，形成全面、广覆、精准、高效的“三位一体”。

打造为农服务“公共汽车”，实现政务服务和商务服务有机融合。平台既为新型农业经营主体等服务对象提供信息共享、生产指导、政策支持等政务类服务，也为他们提供农资农技农机、加工销售品牌、信贷担保保险等商务类服务，形成服务供需双方、供给各方信息对称、合作共生、高效协同、整体智治的“为农服务一件事”格局。

设立农合数字科技公司，建立平台运管长效机制。公司负责平台开发推广、运营维护、迭代升级和各地特色应用场景开发服务，形成“一地持续创新、全省普遍应用”和“全省统一平台、地方特色应用”的长效机制。

资料来源：数字农合联打造为农服务新模式喜获“2021 年度浙江省改革突破奖”铜奖 [EB/OL]. 平湖市供销社农合联微信公众号，2022-02-12.

思考

供销合作社推进数字化转型、打造为农服务数字化新平台，对提升为农服务效能有什么好处？

第三节 供销合作社助力共同富裕

一、供销合作社与共同富裕的关系

（一）合作经济助力共同富裕的意义

1. 合作经济是我国改革发展的一部分

新民主主义革命时期，我国把组建农会、合作社作为组织人民群众参加革命、发展生产、保障供给的重要形式，组织人民群众和部队、机关、学校发展生产、消费、运输、信用、手工业等各种合作社，有力推动了生产发展，有效保障了人民生活和部队供给，为破解敌人对革命根据地的经济封锁、取得抗日战争和解放战争胜利做出了重要贡献。

社会主义建设初期，我国把发展合作社和合作经济作为推进农村社会主义改造的主要形式，领导农民群众发展互助组、合作社，在农村办起了农业生产合作社、供销合作社、农村信用合作社，有力推动了农业生产力发展，有效发展了农业生产资料、农产品、消费品流通，为推进社会主义工业化做出了重要贡献。

改革开放以来，我国把创新合作经济发展方式作为推进和深化农村改革的重点，从推行统分结合的农业双层经营体制，到发展农民专业合作社及联合社，再到推进生产、供销、信用“三位一体”改革，有力组织了农民发展农业生产、参与市场竞争，有效推进了农业社会化服务，为发展现代农业、增加农民收入、保障农产品有效供给做出了重要贡献。

进入新时代，我国进一步把发展和提升农民合作社作为推进乡村振兴和农业农村现代化、促进农民共同富裕的有效途径，大力支持农民合作社发展，积极倡导生产、供销、信用“三位一体”综合合作，不断创新合作经济发展方式，为推动农民共建共享共创共富指明了正确航向。

2. 合作经济是实现共同富裕的重要制度安排

从合作制在中国的实践看，合作制一来到中国，就与中国的农民问题结合起来，成为解放小农、组织小农的重要制度。毛泽东指出，在农民群众方面，几千年来都是个体经济，一家一户就是一个生产单位，这种分散的个体生产，就是封建统治的经济基础，而使农民自己陷于永远的穷苦。克服这种状况的唯一办法，就是逐渐地集体化；而达到集体化的唯一道路，依据列宁所说，就是经过合作社。[①] 无论是农民消费合作社、粮食合作社、生产合作社、信用合作社等合作社形式，还是政社合一的人民公社，合作社为解决农民生产生活问题，推动革命发展和社会主义建设作出了重要历史贡献。可以说，中国共产党领导的合作社运动史，就是一部不断解决农民生存发展、带领农民共同富裕的历史。毛泽东同志指出，这是人民群众得到解放的必由之路，由穷苦变富裕的必由之路。[②]

（二）供销合作社助力共同富裕的路径

1. 改革带动共富

（1）“三位一体”改革带动共富。浙江省坚持把农合联打造成为带动全体农民共同富裕的有效平台，推动健全持续深化“三位一体”改革领导体制和工作机制，推动统筹涉农领域配套改革，推动更多服务功能、合作组织聚合到农合联，形成为农服务协同供给的格局。推进成熟经验定型化、制度化和集成推广，建立“三位一体”综合合作标准体系。

（2）完善农合联治理体制支撑共富。推进农合联会员（代表）大会、理事会、监事会规范运行，建立理事会、监事会线上运行平台。推动省市县农合联全面设立、有效运行农民合作基金和资产经营公司。推进乡镇农合联、产业农合联规范化建设，推动农民合作社、家庭农场、农业企业和涉农服务主体全面加入农合联。

（3）加强农合联执委会建设保障共富。适应承担农合联执委会职责的需要，完善供销合作社“三定”方案，健全农合联执委会机构设置和日常运行制度。强化“合有、合建、合营、合利”的农合联思维，完善为农服务资源内聚外联机制。

2. 服务带动共富

（1）全面提升农业生产服务。打造覆盖全程、综合协同、便捷高效的农业生产服务体系，推进现代农业综合服务中心、产业农合联等建设。开展农资专用化、定制化、统施化服务，研发农作物专用肥药和综合解决方案。建设农机具数字化供应链服务体系，发展农机具销售、售后、融资租赁等服务。

（2）全面提升城乡商贸服务。建设“县城超市—乡镇商贸综合体—村综合服务社”的县域商业服务体系。推动各级供销合作社企业联合现有冷链物流资源，打造冷链物流龙头企业，引导乡镇农合联、产业农合联会员合作共建生产端冷链设施，建设集仓储冷

① 毛泽东选集：第3卷[M]. 2版. 北京：人民出版社，1991：931.

② 同上：932.

链、分拨配送、中央厨房、配套服务等功能于一体的全省农产品冷链物流服务体系及数字化管理平台。

（3）全面提升农村信用服务。推动农信机构扩大和优化对农合联会员合作社的信贷服务。推动农信担保公司优化和创新服务，扩大对农合联会员的贷款担保服务。推动保险公司优化和扩大涉农保险。

（4）加快发展城乡环境服务。参与无废城市、无废乡村建设，培育和打造环境服务龙头企业，实现农膜、农资包装物全面回收，发展工业固废、建筑垃圾分类回收和资源化利用服务，推进城乡垃圾回收网点、分拣中心、资源化利用企业等的建设。开展秸秆综合利用和土壤修复改良服务，改善高标准基本农田的土壤性状和土地肥力。

（5）全力拓展乡村消费服务。建立乡村创业服务体系，为农合联会员、“两回”人员、村经济合作社、农户等小微主体发展乡村消费新产业新业态提供服务。

3. 合作带动共富

（1）发展“点型”合作经济。推进供销合作社基层组织空白乡镇清零工作，整合和提升乡镇农合联供销服务功能，组建新型基层社，带动更多小农户、小组织分享合作收益。推动村经济合作社加入乡镇农合联，推动小农户全面融入合作组织体系。

（2）发展“链型”合作经济。以产业农合联为主要载体，引导社有企业和基层社加入或领办参办产业农合联，促进会员规模增效、降本增效、冷链增效、品牌增效，构建产业农合联利益联结机制，打造农业全产业链利益共同体。

（3）发展“群型”合作经济。发挥农合联资产经营公司的众筹引领作用，引导有实力社有企业联合有关基层社、农合联会员、村经济合作社、“两回”人员等，合作建设乡村产业综合体，发展乡村产业。

（4）发展合作投资服务。引导有实力社有企业参股或联合农合联资产经营公司，合作投资为农服务和乡村产业项目，促进小资本拥有者共创共富。加快建立合作投资项目库，建设一批新型合作经济发展样板项目。

4. 社有经济带动共富

（1）培育壮大为农服务龙头企业。推进社有企业战略性重组、专业化整合，打造一批服务质量优、覆盖范围广、经营规模大、技术含量高、竞争实力强的为农服务龙头企业。以发展现代农资、农产品仓储冷链物流与集采配送、农机具经营、现代种业、消费品仓储物流配送、城乡生态环境与再生资源回收利用、乡村产业投资等服务为重点，着力培育“链长”企业。

（2）推动社有经济跨层跨域发展。完善纵向合作、横向联合机制，构建社有经济跨层合作发展、跨域联合发展的格局。率先培育后进地区供销合作社服务龙头企业，发展供富大篷车服务。鼓励先进区域供销合作社以优势行业、优势企业跨域到其他县域发展，带动薄弱县级供销合作社、薄弱基层社加快发展。

（3）优化社有企业收入分配机制。完善社有企业考核评价体系，创新薪酬分配制度，建立健全社有企业员工创业、股权激励、股权管理等制度。

5. 数字带动共富

（1）推进为农服务数字化改革。推进数字技术推广应用，形成为农服务信息对称、高效协同、整体智治新格局。建立涵盖生产基地、土壤状况、农资使用、产品质量、经营业绩、信用记录等信息的农合联会员数据库，促进农资配供、农技推广、统防统治、农机耕收等生产服务数字化，品牌、销售、溯源等供销服务数字化，信贷、担保、保险等信用服务数字化。

（2）建设数字协同应用平台。推进数字供销合作社平台建设，推动供销合作社治理、社有企业经营管理、社有资产运营监管等数字化。

课堂延伸

湖州市供销合作社三大模式助力共同富裕

创新产业帮扶模式

长兴县实施“十百千万”帮扶行动，突出对象怎么定、产业怎么选、农户怎么扶等 8 个关键环节，3 年累计帮扶 5 297 人，户均增收 5.45 万元，人均增收 3.31 万元，成为浙江省唯一入选国务院编写的《中国减贫奇迹怎样炼成：脱贫攻坚案例选》的案例。南浔区红美人柑橘基地流转土地 5 000 亩，流转费从 600 元增加到 1 150 元，零租金吸纳 65 户低收入农户参与种植，户均增收 2 万元。双林稻虾共生基地流转土地 5.8 万亩，带动 290 户种粮大户，亩产增收 2 000 元以上。德清县农合联将优质茭白种苗引入四川凉山，种植面积 3 000 多亩，帮助销售茭白 5 000 多吨，带动 442 户农户脱贫。目前，湖州市农合联参与对口扶贫和帮扶市内低收入农户的组织达到 136 个，产业扶贫项目 60 个，帮扶国家级贫困县 3 个，带动低收入农户 4 000 余户，户均增收 1 万元以上。

优化产销对接模式

湖州市供销合作社系统构建“1+5+N”农产品区域公共品牌体系，建成湖州市对口地区农产品展销中心，销售新疆、四川、吉林等 8 个地区农产品。截至 2021 年 9 月，湖州两山农品汇已在上海、杭州等长三角重要城市开设门店 23 家，入驻上海各大商超 200 多家，累计销售湖州农产品 7 000 万元，带动部分农产品溢价提升超 50%，带动农户 6.3 万户，辐射生产基地 17.7 万亩。全市农合联加强产销对接，扩大湖州农产品流通，每年直接销售各类湖州农副产品在 30 亿元以上。

打造产业振兴模式

长兴县在全省首创葡萄特色产业农合联之后在湖州市推广，实现生产、销售、质量、品牌、价格“五统一”。截至 2021 年 9 月，湖州市特色产业农合联达到 37 家，会员 2 893 个，带动农户近 2 万户，年总产值超 52 亿元，其中“阳光玫瑰”葡萄远销上海、广州等一线城市，最高年产值 10 万元 / 亩。利用市农民合作基金成立“兴农贷”为农合联会员融资贴息，湖州市各级农合联推出了“两山扶农贷”“两美农合贷”等系列产品，协调金融机构建立 100 万元以下免担保信用贷款机制，已有 102 家合作社享受该项政策，对湖州市 11 家产业农合联开展了集体授信，授信额 4.83 亿元，全市农合联会员授信额超 23 亿元，担保 4.5 亿元。同时，建设市、县两级数字农合联平台，力争实现一屏掌控、一键智达，精准高效推动产业发展。

资料来源：湖州市供销社三大模式助力共同富裕 [EB/OL]. 浙江之声网，2021-09-08.

思考

回顾供销合作社的性质、原则和功能，思考供销合作社为什么有多种不同的带农共富路径和模式。

二、供销合作社发展共富工坊

（一）共富工坊的概念

1. 发展思路

紧扣农业农村优先发展和推进“扩中”“提低”改革等主题，注重抓党建促乡村振兴、民营经济助推共同富裕新路径。以党建引领，注重企业党组织与农村党组织结对共建为依托，带动土地、资金、人才、技术、信息等发展资源的科学配置和集约利用，推动产业进乡村、农民大就业、农民大培训，实现农民增收、企业增效，促进集体经济发展，提升基层治理水平。发挥党建优势，整合组织资源，放大整体效应，将共富工坊打造成暖心之坊、富民之坊、强基之坊、发展之坊。

2. 发展目标

通过资源下沉、产业进村、加工入户等形式，引导企业把基础加工、零售服务、农业分包等产业链、物流链、供应链布局到农村，利用合适的闲置房屋土地创办车间式、工坊式、田园式新型帮共体。注重对标未来乡村、未来社区丰富共富工坊内涵，发展产业飞地、片区联营、作价入股、村企共建工坊协作模式，积极引导电子商务、康养善育、文化创意、运动健康、乡村旅游、餐饮民宿、快递物流等新业态新产业参与共富工坊建设。

3. 发展路径

（1）强化村企联动。根据各地产业特色，发挥行业协会等联络纽带作用，引导辖区内优质民营企业，特别是上市公司、规模以上工业企业积极同低收入农户集中村、集体经济相对薄弱的村开展“村企结对”。盘活农村合适的闲置房屋、土地等资源，在产业融合、土地流转、劳动力转移等方面开展合作，促进农民就近就地就业，推动农村零就业家庭动态清零。

（2）做好人才引育。推动农创客、新乡贤及各领域优秀人才参与共富工坊建设，依托乡村振兴学院等平台，定期组织开展生产经营、专业技术培训，打造一批专业“工坊经纪人”。发挥企业党组织作用，组织企业党员技术人才，对定点工坊、加盟农户开展有针对性的培训和指导。

（3）注重先锋引领。围绕标准化、规范化要求，结合工坊产业特点，制定场地安全管理、务工人员管理、工资协商、奖补政策落地等共富工坊管理制度。明确企业、村（社区）和管理人员的职责，加强产品质量、消防安全、生态环保等监督检查。村（社区）党组织设立共富工坊党小组，组建党员志愿服务队，做好宣传、调解、代办等工作，不断加强对工坊员工的教育引领和关爱服务，打造“红色工坊”。

（4）坚持数改同步。结合共富工坊建设，大力发展农村电子商务，带动农村产业升级。把共富工坊建设与数字化工作相结合，充分发挥现有平台，做好发布企业用工需求和农户劳务供给信息对接工作。

（二）共富工坊创新实践

1. 党建引领共富工坊发展

（1）党建引领共富。各级供销合作社党组织联动，充分利用村社党群服务阵地、闲置房屋土地和当地党员力量提供农技培训、电商服务、用工对接等一系列服务，释放红色供销活力。

（2）培训支撑共富。打造“共富大学堂”共富工坊，开展技术、创业、管理、品牌等培训，设立教育基地，建立“共富课程库”，通过“现场集中培训 + 技能培养模拟 + 实地实践指导 + 效果跟踪监测”方式，促知识、技能之富。

（3）帮扶带动共富。强化薄弱村结对帮扶，打造村共富产业，落实村社党员帮带责任制，流转闲置土地开展“专业合作社 + 薄弱村”的产业基地建设，推动农业产业向生产、加工、包装等附加值高的环节延伸，帮扶村民就业，实现村企共富。

2. 组织支撑共富工坊运行

（1）发展订单农业，助力共富。依托专业合作社，联结周边育苗基地，开展育苗服务，与农户签订种植供销合约，明确订单种植、统一兜底收购，有效降低农户损失，帮助农户就业和销售。

（2）创新合作经济方式，助力共富。发展“供销合作社 + 企业 + 农合联（合作社）+ 农户”的新型合作经济方式，由供销合作社、社有企业共同投资成立共富工坊，采取定向招工方式，吸纳周边剩余劳动力，整合公司客群加盟渠道，收购周边合作社、农户的农产品，推动生产、加工、销售全产业帮扶，助力农户增收致富。

3. 服务提升共富工坊效能

（1）完善服务机制。发挥供销合作社在农产品流通和村社公共服务上的优势，导入更多公共服务，融入更多供销元素，健全联农机制，生产端、服务端、消费端共同发力，构建市场运作、供销服务、有效带动、合作共富的工作体系，建设有场所、有产权、有服务、有带动、有标识的工坊，把“共富”服务融入共富工坊建设，充实完善农村共富产业链。

（2）强化服务功能。对村集体的低效、闲散土地进行统一盘整、流转，形成共富菜园；由供销合作社开展地力恢复、农业基础设施修复、蔬菜大棚建设等，并提供技术指导、数字化对接、培训服务、项目资金、农信担保、财务代理等服务，带动就业。

课堂延伸

以“共富工坊 + 供销合作社”模式构建共富新途径

三门县供销合作社坚持为农服务宗旨，发挥农产品流通领域优势，以党建引领“共富工坊 + 供销合作社”建设，促进强村富民，推进三门县乡村产业——“地瓜经济”提能升级。

党建引领激发共富工坊凝聚力

建立“1+9+N”党建联建体系，打造“农合联牵头、部门联手、乡镇共建、农户参与”的共富工坊，变“单打独斗”为“集群作战”，集成各方项目、政策、资源等要素，将党建优势转化为强村富民惠企发展优势，进一步激发共富工坊凝聚力。截至2023年7月，三门县供销合作社参与建成共富工坊5家，辐射带动农民合作社100多家，吸纳农村就业130多人，人均月增收约2 700元。

品牌升值增添共富工坊竞争力

打造“区域公用品牌＋企业（合作社）子品牌”发展体系，依托“鲜甜三门”区域公用品牌，推进“鲜甜三门”集体商标、英文普通商标注册事宜，实行统一策划设计、统一授权使用、统一宣传推介，提升共富工坊农产品的市场竞争力和影响力。目前，各级农合联已注册三门甜瓜、花桥山湾桔、珠岙龙翔谷福茶等子品牌，完成三门甜瓜、沙柳白枇杷品牌包装箱的设计制作。

平台搭建保持共富工坊发展力

加强与高校、机关、企业等的党组织的协同合作，共同谋划共富工坊建设，以“党建引领·共富先行”为主题，由县委组织部牵头，联合农业农村局等单位，常态化开展“鲜甜三门”优质农产品“六进”活动。加强与盒马鲜生、鲜丰水果、食行生鲜等企业平台建立长效合作机制，推动更多三门农产品进入长三角市场。

多元服务提升共富工坊软实力

发挥党员志愿者的先锋模范作用，整合为农服务力量，为共富工坊提供农资储备、技术培训、标准化生产、专家指导等产供销一体化服务，精准扶持共富工坊成长，实现农户增收、合作社增效、产业兴旺。

资料来源：书记领办项目⑥|县供销社：以“共富工坊＋供销社”模式构建共富新途径[EB/OL].三门组工微信公众号，2023-07-12.

思考

当前，供销合作社发展共富工坊遇到的最大困难是什么？如何破解？

三、供销合作社发展供富大篷车

（一）发展供富大篷车的意义

1. 新时期发展县域流通体系的现实需要

由于山区群众密度低、消费能力弱，山区运输成本高，因此难以单纯依靠市场力量实现商贸流通服务的延伸覆盖。供富大篷车以一种半市场化半公益的运行形式、以较低的成本提供了准公共服务，填补了山区商贸流通服务的短板，打通了农产品上行、工业品下行的“最后一公里”。

2. 党委政府推进共同富裕建设的需要

推进共同富裕建设，不让每一个人掉队，尤其要加快推进山区等后进地区的发展。在此过程中，强化对于山区等后进地区的服务显得尤为必要。因此，大多党委政府将供富大篷车工作列入党委政府考核或列入民生实事项目，安排政府补助资金给予支持，并对供富大篷车工作进行指示批示，有力推动了工作的开展。

3. 供销系统流通服务网络的独特优势

供销合作社拥有流通网络建设基础较好、销售渠道较多、拥有国际贸易等商贸流通优势，尤其是延伸山区等后进地区服务商贸流通网络的优势。因此，供销合作社发展供富大篷车，通过大篷车收购的农产品有销路、不愁卖，能够更好地带动山区群众增收，也有利于自身的可持续运营。

（二）供富大篷车的主要服务内容

1. 日用品下乡服务

（1）完善体系服务。通过整合县域内现有日用消费品下乡服务资源，建立由县城分拨配送中心、日用消费品下乡服务车和村服务点组成的服务体系，着力解决偏远山区群众购物远、购物难的问题。

（2）提供规范服务。通过规范供富大篷车出车时间、行走路线和停留时间，确保供富大篷车村村必到、固定时间必到。

（3）提供监督服务。通过设立监督举报电话，确保销售商品与城区同质同价，防止假冒伪劣商品流入农村市场。

（4）提供代办服务。通过免费提供物品代送、快递收寄等维系山区老人亲情的代办服务，使供富大篷车成为乡村关怀的重要载体。

2. 农产品进城服务

通过整合县域内现有农产品流通服务资源，建立由村固定收购点、农产品收购服务车、县城分拣配送中心和若干销售服务网点组成的服务体系，着力解决偏远山区群众农产品销售难、销售愁问题，并通过对接山海协作对口地区销售渠道，对接大型商超、农贸市场、社区菜店、农家乐等采购主体，帮助山区农产品拓展销路，带动乡村共富。

3. 农资农技进村服务

以供富大篷车为平台，串联起农资供应商、庄稼医院、农业社会化服务公司等主体，为山区群众提供各类农业生产资料，同时提供生产技术及作物解决方案，指导山区群众打造一乡一品农产品，助力提升作物品质。

4. 综合便民服务

通过集成多方服务资源，整合各类服务主体，以供富大篷车为载体开展服务代办、金融贷款等综合性便民服务。

5. 订单统购统销服务

依托供富大篷车平台与当地农户签订协议，提供生产资料，规范生产过程，制定收购标准，推动山区实施规模农业、订单农业等现代农业模式。

（三）供富大篷车体系组建模式

1. 公办公营

商贸流通网络较健全的供销合作社，由下属企业成立运营公司，利用原有的农产品经营服务网络和设施，通过原有的超市、农批市场等销售渠道，增设赴高山远村收购的路线，提高服务频次，解决山村农产品滞销问题。

2. 公办民营

自身商贸流通网络资源较弱的供销合作社，通过向社会公开招投标方式确定运营主体，由其具体开展农产品收购、检测、销售等服务，供销合作社承担指导监督职能，统一制定服务路线、确定服务频次。

3. 多方合营

牵头联合邮政公司、金融机构、商场超市等，以供富大篷车为载体集成各方服务资源，提供快递下乡、金融服务进村、商品配送入户等多元服务，达成互惠互利格局，成本收益各方共担。

课堂延伸

以供富大篷车助行乡村共富路

平阳财政积极探索乡村共富路径，紧盯乡村农产品流通领域存在的难点堵点，通过大力支持供富大篷车，持续增加低收入群体财产性收入，助力乡村共富。

资金引导串起“乡村共富链”

坚持把农业农村作为财政支出的优先保障领域，每年财政保障专项资金 120 万元及业务发展经费 10 万元，用于县供销合作社“三位一体”体系建设、供富大篷车服务链建设等，积极创建农产品、农资等流通供应渠道，发展示范农合联、农产品种植示范基地。截至 2023 年，累计开通供富大篷车服务路线 5 条，服务覆盖 135 个偏远村、12 000 多名山区群众，累计销售日用品 202 万元，收购农产品 838 万元，销售农资 1 290 吨，开展农技服务 65 次，切实带动乡村创富。

订单上门架起“山海协作桥”

探索订单农业，携手乐清开创“土鸡寄养”助农新模式，巩固供富大篷车助农成效。投入财政资金 5 万元购买 10 000 羽优质鸡苗，通过供富大篷车免费送到凤卧、腾蛟、山门镇 3 个山区镇 200 余户农户手中，并与意向农户签订《土鸡寄养协议》。在养殖保障方面，依托县土鸡产业农合联组建技术服务联络站，向村民提供土鸡养殖技术线上线下指导服务。项目开展以来，共惠及农户 200 余户，带动农民增收近 150 万元，户均增收 7 500 元。

广开门路打通“带货出山关”

依托供富大篷车服务载体，开拓展销会、流动市集、供销超市等多元销售渠道，助力乡村特产走出大山。投入35万元联合平阳农商行常态化开展“有爱生活市集”活动，开设土产品消费新空间。投入财政资金20万元支持建设“农贡多”供销超市、高山农产品直销点及农产品冷链仓储分拣中心等，通过“供销合作社+公司+农户”自主连锁模式打通农产品进城销售渠道，实现采购与销售的无缝链接。

资料来源：【基层】平阳：以“供富大篷车”助行乡村“共富路”[EB/OL].平阳县财政局微信公众号，2023-12-07.

思考

供销合作社发展供富大篷车服务，需要考虑哪些基础性条件？如何让供富大篷车持续且更好地服务“三农”？

课后习题

一、单项选择题

1. 供销合作社巩固脱贫成果的创新实践不包括（　　）。

A. 科教帮扶　　B. 产业帮扶

C. 农产品上行　　D. 政策托底

2. 供销合作社发展区域电商的方式不包括（　　）。

A. 坚持上下联动　　B. 坚持重点突破

C. 坚持开放共享　　D. 坚持自控自建

3. 供销合作社发展数字农合联的发展内容不包括（　　）。

A. 生产数字化　　B. 流通智慧化

C. 授信在线化　　D. 管理数字化

4. 供销合作社助力共同富裕的路径不包括（　　）。

A. 改革带动共富　　B. 服务带动共富

C. 合作带动共富　　D. 市场带动共富

二、论述题

1. 简述供销合作社创新实践中如何开展消费扶贫。
2. 简述供销合作社创新实践中如何开展产业帮扶。
3. 简述供销合作社创新实践中如何发展农产品电子商务。
4. 简述供销合作社创新实践中如何开展服务带动共富。

实训任务

1. 4～6 人一组，线上调研或实地调研浙江省平湖市供销合作社的数字农合联实践，总结其数字化转型价值、做法，探寻其为农服务成效，形成总结报告。

2. 团队实训考核评价。

实训考核评价表如表 4-1 所示。

表 4-1 实训考核评价表

组别	考核点							总分
	资料翔实	逻辑清晰	文字流畅	观点明确	调研深入	团队合作	其他方面	
第 1 组								
第 2 组								
第 3 组								
……								
第 n 组								

第五章

供销合作社典型实践与文化建设

学习目标

知识目标

通过本章学习，你应该：

1. 了解供销合作社文化与综合改革的相关内容。
2. 掌握浙江省供销合作社改革实践的目的、基本做法、现实成效。
3. 掌握山东省供销合作社改革实践的目的、基本做法、现实成效。
4. 掌握广东省供销合作社改革实践的目的、基本做法、现实成效。
5. 掌握河北省供销合作社改革实践的目的、基本做法、现实成效。

素质目标

通过本章学习，你应该：

1. 形成新时代供销合作社改革创新的精神素养。
2. 形成敢为时代先的担当精神。
3. 形成爱农民、懂农业、擅经营的素养和精神。
4. 形成在新时代奋发作为、勇于创新的改革精神。

导入案例

新时期的供销合作社——浙江绍兴“新供销”助力乡村振兴

数据显示，2018 年底，绍兴全市供销系统实现资产总额 116.59 亿元、利润总额 4.41 亿元、销售总额 373.72 亿元、经营总收入 503.37 亿元、助农销售 33.33 亿元。

再生资源回收改善人居环境

走进绍兴市越城区城西再生资源分拣中心，占地 4 500 平方米的场地内，废纸、废旧金属、废塑料、废橡胶等垃圾都能找到它们的去处。

截至 2019 年 9 月，绍兴市已建成 214 个再生资源回收站点以及 4 个区级分拣中心，覆盖 80% 以上的社区、乡村。

足不出户即可在线查看相关信息、预约上门回收服务，还可凭借再生资源回收积分卡到就近的超市门店兑换日常生活用品……再生资源回收站点的开通受到绍兴居民的欢迎。数据显示，截至目前，柯桥区、越城区、上虞区已累计回收近 160 万吨生活垃圾，发放再生资源回收积分卡 96 000 余张，累计兑换积分 156 万分。

电商配送中心打通“最后一公里”

在绍兴市柯桥区福全街道，有一个物流“机场”。来自圆通、中通、韵达等多家快递公司的货品通过流水线分拣再送到村民手中。这是柯桥区在全省率先成立的首个农村电商共同配送中心。

现在仅福全、兰亭、漓渚三个镇街每天进出快递邮件就达 18 000 余件，有效降低快递运营成本 30% 以上。同时，供销合作社在柯桥区已建设“新供销”服务网点 500 余家，每年通过“供销 · 淘实惠”农村电商平台线上和线下销售农产品的营业额超过 3 000 万元。

产业融合发展促农民增收

在绍兴上虞区供销合作社参股成员企业——绍兴舜耕庄园食品有限公司的车间内，NFC 纯 100% 活性果汁生产线已投入运作。

“2017 年 7 月，上虞区供销合作社被全国供销合作总社列为农村产业融合发展专项试点。一个由供销合作社打造的集“生产、加工、销售”一条龙产业融合发展的格局，打通了从田间地头到需求终端的“肠梗阻”，助推农产品“货畅其流”。

“加入供销体系全国销售平台以后，公司的销路被进一步拓宽。”舜耕庄园公司总经理说。目前，公司年销售额额外增长了 15% ～ 20%，产值达 3 500 万元，同时已辐射 7 万余农户、300 余家农民专业合作社，带动经济效益 2 300 余万元。

资料来源：石慧，徐潇青．浙江绍兴“新供销”助力乡村振兴[EB/OL].中国供销合作网，2019-10-16.

◎**案例思考：**新时期绍兴供销合作社在生态治理、电商发展、农民增收方面的突出成效，背后体现着怎么样的供销文化精神？

第一节　供销合作社文化与综合改革

一、文化提供综合改革土壤

第二届浙江省“十佳合作经济人物”魏道尧

供销合作社与我国的革命战争和新中国发展交织，涌现出诸多辉煌的供销文化和精神风貌，成为供销合作社系统广大干部职工的精神支柱，极大地推动了供销合作事业的持续发展。“老南区社精神”是革命战争时期，供销人勇于斗争、无私奉献、不畏艰难的精神体现。新中国成立后，供销合作社投身新中国建设，坚持为人民服务，艰苦奋斗、勤俭办社、心系群众、诚实守信，形成令人钦佩的“扁担精神”和“背篓精神”，至今依然驱动着供销人持续奋斗。改革开放以来，面对市场化改革为供销合作社发展带来挑战的局面，供销人不畏重重困难，不忘为农服务初心，坚定艰苦创业、改革创新、坚韧克难、扎根基层、勤俭勤勉，展现了供销人爱农为民的奉献精神、坚韧勤勉的创业精神、永不言止的进取精神和包容共赢的合作精神。正是这些精神，为供销合作社持续奋斗在农业农村最前线提供了动力，持续滋养了一代代供销人为了初心使命勇毅奋斗。

二、文化提供综合改革现实动能

（一）供销合作社改革发展的现实选择

一部供销合作社文化，也是一部我国艰苦奋斗、勇于奉献的发展史。供销文化是经历革命战争、新中国建设等重大历史任务考验的文化，实实在在为助力革命战争取得胜利、推动新中国加速发展、改善人民群众生活水平、实现我国重工业加速发展等发挥了重要作用。当前，供销合作社发展面临复杂形势，机遇和挑战并存，供销合作社亟须重振精神、整装前行。供销文化则是供销合作社奋勇向前的精神支柱，更是经过历史验证的供销合作社的现实选择。

（二）供销合作社为农服务的客观要求

供销合作社的初心使命是为农服务。坚守初心使命，需要供销人一代代传承，而关键是要依托延绵不绝的供销文化。正是一代代供销人的光辉事迹，引领着供销人为了服务“三农”而奋斗。当前，我国农业农村发展面临新形势、新任务，乡村居民消费水平提升，乡村振兴等战略对供销合作社发展提出新要求，供销人也在不断注入新鲜血液。供销合作社应挖掘光辉的供销文化，建设有效的文化育人载体，积极开展文化服务，为供销人继续不忘为农服务初心提供文化指引。

（三）继续办好供销合作社的紧迫需要

虽然在供销合作社的发展历程中，形成了光辉的供销文化。但经历过市场化改革，供销文化受到了影响，供销合作社对于未来的发展也较为迷茫，继续重建供销文化，并根据新时代特点，为供销文化注入新鲜血液，极为必要。同时，供销合作社的形象也受到了影响，供销合作社越来越处于社会边缘，社会形象和认知度不够高，这些都需要通过加强供销文化建设来解决。

三、文化促进综合改革新风貌的树立

一直以来，供销合作社始终坚持为农服务的宗旨，心系“三农”，坚持合作制原则，秉承合作社互助、合作理念，奋发进取，艰苦奋斗，大力推进组织、经营和服务创新，为城乡居民提供安全可靠、物美价廉的产品和服务，并通过广泛的、多种形式的联合与合作，实现与农民的互利共赢、共同发展。然而，作为民主管理、为农服务的经济组织，供销合作社的形象应该是“为农服务、诚实守信、艰苦创业、合作发展”。当前，供销合作社面临着以该形象积极投身农业农村发展、展现应有的供销担当，但却没有充分被社会所识别和知晓的困境。其根本原因，在于供销文化提炼不足、宣传不够。推进供销文化提炼、建设供销文化育人载体、开展供销文化宣传，能有效促进供销合作社新风貌的树立。

课堂延伸

水泉供销合作社：文化传承带动产业发展

位于枣庄市山亭区的水泉供销合作社包括供销文化展览馆、酱油公社、电商和游客服务中心四大部分，在原供销合作社的基础上进行规划和建设。水泉供销合作社的建立，集中展示了以供销合作社的发展历程、生产场面、经营场景为主的供销合作社文化传承项目，成为山亭区以文化传承带动产业发展的典型案例。

供销文化展览馆按照20世纪六七十年代的建筑风格规划设计，共两层，建筑面积550平方米。一层主要还原了供销门市经营场景，包括日用百货、布匹、文具等经营柜组，陈

列各种商品 1 000 余件。二层主要以图片和文字的形式，展示供销合作社发展变化历程。

据了解，水泉的酱油酿制技艺历史悠久，所产酱袖具有“酱香浓郁、色泽棕红、体态澄清、味道鲜美、挂碗不沾碗、久储不变质”的优良品质。位于供销文化展览馆后院的酱油公社则对水泉酱油酿制技艺文化进行了集中展示。酱油公社坚持“修旧如旧”理念，修缮和新建生产车间、灌装车间、成品库等房屋。

酱油公社聘请老酿造师，采取传统工艺酿造酱油、食醋等，注册了“白将峪”牌商标；建立游客参观通道，设立了酱油、食醋加工体验区；成立旅游服务公司，统一负责产品的生产、推介和销售。

电商和游客服务中心主要采用线上线下两种形式，集中展示利用传统工艺生产的酱油、食醋以及山亭区优质农产品。游客既可以在这里获取旅游信息、旅游产品介绍等服务，也可以现场选购特色旅游产品。

资料来源：山亭水泉供销社：文化传承带动产业发展[EB/OL].大众网，2019-06-14.

思考

新时代供销合作精神对于实现我国乡村振兴有哪些价值？

第二节 浙江省供销合作社的改革实践

一、城乡如何协同发展

新世纪初，浙江省深化农村改革发展有两个重要背景。一个是大背景，即统筹城乡发展、建设社会主义新农村。另一个是小背景，即发展现代农业、服务新型农业经营主体成长，推进农业产业快速发展，促进城乡发展差距缩小。因此，促进城乡协同发展，核心在于促进乡村产业发展，提升乡村经济发展水平和村民收入水平，服务新型农业经营主体成为首要任务。

当时，浙江新型农业经营主体的服务形势呈现以下特征：一是服务对象特征，从以普通农户为主向农民合作社、农业企业等新型农业经营主体转变。二是服务领域特征，从以生产领域为主向生产、供销、信用等全链条全方位拓展。三是服务主体特征，从以农民合作社、龙头企业为主向农民合作社、农业企业的联合组织提升。四是服务方式特征，从以单个服务主体分散性服务为主、服务体系系统性服务为辅的格局向以更高层次复合型组织体系为平台、各个领域专业性服务综合协同供给的格局跃升。

面对这种新背景新趋势，时任浙江省委书记的习近平深刻把握统筹城乡发展、农业现代化和合作经济发展规律，在 2006 年全省农村工作会议上提出，积极探索建立农民专业合作、供销合作、信用合作“三位一体”的新型农村合作体系，努力服务于社会主义新农村建设。以供销合作社、信用合作社、专业合作社的联合而构成的“三位一体”农业综合服务平台，是目前我国发展农村合作经济的一种新的形式，是代表现代农业发展方向的一个新生事物，符合农民群众根本利益，符合当前农业农村发展实际，符合新农村建设的基本要求。总体来看，浙江“三位一体”综合合作的构想，能有力满足农业农村发展需要，促进浙江城乡协同发展。

二、“三位一体”农合联的基本做法

（一）组织建设规范化

以夯实基层基础、补齐发展短板、提升为农服务能力为出发点和落脚点，强势推进供销合作社和浙江农民合作经济组织联合会（简称农合联）组织建设。具体做法包括：

一是健全联合社"三会"治理结构，充实机构职能配置和人员配备，规范理事会、监事会工作机制，带动基层社提高治理水平。二是采取社有企业帮扶、财政项目扶持、联合具有供销服务功能的农合联会员共建等方式，推进新建或盘活基层社、改造升级薄弱基层社、树立一批运行质量良好的先进基层社。三是加强农合联会员合作社规范化建设，培育管理民主、制度健全、产权清晰、带动力强的农民合作社示范社，使农合联会员合作社成为合作社的榜样。

（二）为农服务体系化

围绕农业生产、城乡商贸、农村信用和乡村环境四大服务领域，通过会员服务功能集成、部门服务职能转移、供销系统服务融入、农信机构服务嫁接、会员企业服务发展等途径，推动各方服务资源在农合联平台上聚合、整合、融合，进一步建立健全为农服务体系。具体做法包括：重点建设和提升农资、农技、冷链物流、农产品品牌、农产品配送、消费品配送、合作投资、担保信贷、农业保险、垃圾分类回收等十大为农服务体系，通过打造服务龙头、建设基层组织、构建联结机制、开展合作投资等，形成以农业龙头企业为主导、产业农合联和农民合作社联合社为骨干、农产品加工流通企业和农民合作社为基础的组织载体和运行机制。

（三）平台建设数字化

实施"三位一体"农合联数字化工程，推进数字技术在生产、供销、信用、环境等服务领域的应用，建设数字农合联云平台框架和核心数字资源库，完善农合联会员信息管理系统，打造产业链互通、服务链协同的数字农合联。具体做法包括：一是发挥"中农在线"作用，加强对传统农资经营网络升级改造，形成线上与线下、技术与服务、数字流与物流相结合的新型服务模式。二是推进农产品经营数字化转型，加强与电商龙头企业合作，打造以农合联为依托、全产业链标准化生产经营为基础、区域公共品牌为引领的农产品新零售模式。三是推动信用服务数字化转型，发挥农信机构服务主渠道作用和其他金融机构服务补充作用，将金融服务有机接入数字农合联平台，为农合联会员提供更加普惠、精准、便捷的金融服务，形成金融服务与生产服务、供销服务有效协同的格局。

（四）社有经济务农化

进一步聚焦为农服务主业，从工作激励、政策支持、差异化考核等方面入手，引导社有企业像重视利润一样重视为农服务。具体做法包括：一是调整优化社有资本布局，促进优势资源向为农服务骨干企业集中，加快培育壮大一批涉农龙头企业。二是引导社有企业融入乡村振兴，发掘机遇、扩大投资，参与农业产业化经营和农旅一体化发展，引领农村一二三产业融合发展。三是以做大做强为着眼点，进一步加快开放发展步伐，积极推动纵向联合合作，扩大与外部优势企业战略合作，引导有实力的社有企业实现低成本扩张，实现借梯登高、借力发力。四是启动新一轮深化社有企业改革，打造促进社有经济转型与高质量发展的体制机制新优势。五是加强社有资产监管，出台《浙江省人民政府办公厅关于加强供销合作社集体资产监督管理的若干意见》，省级合作发展基金重点用于为农服务功能建设和基层组织建设。

三、“三位一体”农合联的现实成效

（一）构建供销合作社服务乡村振兴新平台

1. 组织体系更健全

截至 2019 年 10 月，浙江全省自下而上将农民合作经济组织和各类涉农服务组织（企业）全面组织起来，构建了由 1 个省农合联、11 个市农合联、84 个县级农合联和 961 个乡级农合联组成的农合联组织体系，组建以同级供销合作社为依托的农合联理事会执委会，将供销服务有机融入农合联平台，成为农合联供销服务主要供给者。

2. 部门协同更高效

加强农合联与农业农村、科技、商务、财政、金融等部门和农信、担保、保险、科研、高校、企业等单位的联合协作，拓展和增强农合联服务功能，使农合联成为党政机关、事业单位、社会团体、工商企业、金融机构开展涉农工作和为农服务的平台、渠道和工具。

（二）打造供销合作社为农务农姓农新品牌

1. 提升农业生产服务

按照区域全覆盖、服务高效率和县域特色产业“一业一联”原则，推进区域农合联通用性服务与产业农合联专业性服务经纬衔接的新型农业社会化服务体系建设。建成提供综合性、一站式通用性服务的现代农业服务中心，培育个性化、专业性产业农合联，开展测土配方、统防统治、农机作业、土地流转、土地托管等服务。

2. 优化商贸流通服务

一是建成和托管农批（农贸）市场、城乡商贸服务中心、消费品连锁经营门店。二是建设和运营农业公共品牌，形成以区域公共品牌为引领的农产品标准化生产、品牌化营销服务体系，农产品流通骨干作用得到充分发挥。

3. 创新农村信用服务

一是联合农信机构推广“丰收农合通”，向农合联会员授信。二是联合省农担公司设立基层办事处（代办点），为农合联会员提供融资担保服务。三是供销合作社系统农信担保公司为农合联会员提供担保贷款，有效破解贷款难、贷款贵、担保难的问题。

4. 发展乡村环境服务

一是建立城乡生活垃圾分类回收网点、分拣中心、集散交易市场、资源化利用服务企业。二是省再生资源集团公司与县（市）联合打造农村生活垃圾分类和资源化利用模式，有效提升农村生活垃圾分类合格率、资源化利用率和无害化处理率。三是全面开展农资包装物和废弃农膜回收，农业“白色污染”得到有效消解。

（三）构筑供销合作社引领共同富裕新机制

以农合联会员（合作社、企业）为主体，实施小农户入社、家庭农场入社、合作社联合“三大行动”，组建产业农合联，引导农合联会员合作投资，发展新型合作经济。具体做法包括：一是以产业农合联为载体，引导产业农合联会员参股兴办龙头企业，构建全产业链的利益共享机制和按交易额（量）返利的二次分配机制，打造农业产业化联合体。二是将新型合作经济引入产业扶贫领域，主动参与跨省产业扶贫和省内结对帮扶，创新产业扶贫模式，建立“帮扶资金量化折股、约定分红”和“生产要素参股入社、保底分红”机制，有效带动扶贫对象共建共享、增收致富。

（四）推动供销合作社实现社有经济新发展

1. 建立健全社有资产监督管理体制

健全理事会为社有资产所有权代表、社有资产管理委员会为授权管理者、资产运营公司为授权运营者、出资企业为授权经营者的有效分离、有机衔接的社有资产分级授权管理体制，完善经营预算、收益上缴、监督管理等机制。

2. 全面推进资产运营公司功能建设

截至 2021 年 2 月，浙江全省系统 70% 以上的供销合作社实行“三会”制度，20 个市、县建立了资产管理委员会，74 个联合社成立了集体资产运营投资公司（平台），形成“所有者—管理者—运营者—经营者”的格局，供销合作社基本退出了集体资产的直接经营。例如，浙江省兴合集团有限责任公司落实社有资产出资人代表职责和保值增值责任，强化对出资企业行使股东权利，确保出资企业参与为农服务、提升产业层次、发挥带动作用。

3. 深入推进社有企业转型升级

按照稳定一批、发展一批、调整一批的原则，优化社有资本结构，构建传统新兴产业并举、强弱周期产业互补、境内境外业务互促的现代产业格局。顺应绿色化、信息化、品牌化和跨界融合趋势，创新企业发展模式，推进由卖产品向卖服务、卖方案转变，提升核心竞争能力。

课堂延伸

有了农合联，不愁销路不怕灾
——浙江省长兴县产业农合联为农户生产保驾护航

七八月的天，炎热而沉闷。每到这段时间，浙江省湖州市长兴县许长蔬菜专业合作社的芦笋种植基地都会加大通风，保证芦笋正常生长。然而，台风“利奇马”过境，让合作社遭遇了难以避免的天灾。

2019 年 8 月 11 日，台风刚过，长兴县供销合作社立即对接人保财险长兴支公司，对受损农业生产设施进行现场勘验。之后，人保财险长兴支公司对许长蔬菜专业合作社、盛侬芦笋专业合作社和龙溪芦笋帮扶基地等受灾严重的农合联会员单位先行预支理赔款，其余款项 12 日全部赔付到位。

在“三位一体”综合服务中，信用服务是保障农民生产的关键。“生产时没有钱、遇灾时没收成，这是广大农民生产中的‘痛点’。”莫国锋表示，农合联根据会员单位生产、交易状况，进行芦笋质量安全品质认定和信用评级，对所有会员评级提供授信服务，授信会员可在农商银行获得较低利率贷款用于发展芦笋产业。同时，农合联还建立惠农非融资性担保公司，开展会员间担保与反担保资金互助服务，为产业农合联 13 个合作社、

160 多户农户解决贷款难问题，累计担保贷款额超 1 亿元。此外，产业农合联还与中国人保财险长兴支公司合作，为会员投保基础设施保险和芦笋价格指数保险，一旦发生灾害，造成产量和价格低于物价部门制定的最低收购价及产量时，产业农合联将出面协助保险公司快速完成理赔。

“如果没有农合联与保险公司的合作关系，并及时督促理赔，保险理赔款还不知道要走多少道程序才能到手。”莫国锋感慨地说。

资料来源：白琦瑛．有了农合联，不愁销路不怕灾——浙江省长兴县产业农合联为农户生产保驾护航 [EB/OL]. 中国供销合作网，2019-08-19.

思考

浙江省农合联促进城乡协同发展的主要做法是什么？这体现了什么供销精神？

第三节 山东省供销合作社的改革实践

一、如何破解“谁来种田”的难题

农业是国家发展的根基，关乎我国的长治久安。牢牢将饭碗抓在中国人的手里，国家粮食安全战略不仅是党中央的重要战略之一，而且是我国在现代化发展过程中需要牢牢守住的底线。然而，在发展过程中，我国虽然牢牢守住了18亿亩耕地红线，但谁来种地成了我国当前实现农业稳步发展，保障我国粮食安全的急切问题。

存在谁来种地的现实问题，原因在于几个方面：一是随着城镇化进程的加快和农村劳动力的转移，已有种田农民日趋老化。二是年轻一代不想种田，种田农民数量逐渐萎缩。三是人口自然增长率下降，农村人口红利逐渐消失。四是农业是低附加值行业，尽管生产环节免税，但农业生产利润率较低，农民种粮的积极性还有待提高。五是新一代农民既不愿意投身农业行业，也缺乏进入农业行业的经验和知识。六是现在的年轻人对农村的感情日渐疏离，大多数年轻人到了城里，就不愿意回到农村或者已经不习惯在农村了。

在这样的背景下，山东省供销合作社扛起保障农业发展的重任，创新农业发展的服务模式，走出一条供销合作社改革发展和重建形象的新路子。

二、“大田托管”的基本做法

（一）创新土地托管服务方式

1. 土地托管服务内容

山东省农业发展面临两个问题，一是各种原因造成缺乏种地劳动力。二是因市场需求升级和农业技术变革，农业发展过程中存在某一个环节农民不知如何应对，或者某一个环节农民自己做不划算的问题。因此，山东省供销合作社创新形成了两种土地托管模式。一是全托管模式，即通过委托和受托双方签订服务协议，确定种植作物及产量、服务项目、托管费用等信息，提供所有生产经营环节服务。二是半托管模式，即根据农民提出的实际需要，为农户提供耕、种、管、收等某个或某些生产经营环节的服务，并根据提供的实际服务进行费用结算。

2. 土地托管服务特点

一是服务能力特点。全托管模式需要服务主体具备较强的服务实力和整合农资、农机、农技等各类生产要素的能力。半托管模式需要构建具有鲜明市场竞争力的服务能力。二是服务对象特征。服务对象包括龙头企业、农民合作社、家庭农场、专业大户、分散经营农户。三是服务领域特征。服务领域包括大田粮食作物、山区和丘陵经济作物等。四是服务手段特征。服务手段呈现由机械化服务向全产业链科技服务发展的趋势。五是服务方式特征。服务方式由提高农业生产率向开展一二三产业融合的综合服务发展。

（二）搭建农业生产综合服务平台

为有效支撑开展农业托管服务，山东省供销合作社组建农业服务公司和为农服务中心，并在以下几个方面开展服务：一是功能设置。构建市场性服务和公益性服务相结合的服务功能。市场性服务功能包括测土配方、智能配肥、统防统治、农机作业、烘干贮藏或冷藏加工、庄稼医院、农民培训等。公益性服务包括涉农部门的公益性职能整合服务。二是服务方式。山东省供销合作社运用大数据、云计算、物联网等数字技术，开发为农服务中心科技信息云平台，实现在线高效服务。三是服务范围。平原地区以大田作物托管为主，按照服务半径约 3 千米、辐射面积 3 ～ 5 万亩设置为农服务中心。山区以林果等经济作物托管为主，按照服务半径约 6 千米、辐射面积约 10 万亩设置为农服务中心。四是股权构成。农民合作社在乡镇农民合作社联合社中的持股比例不低于 80%，乡镇农民合作社联合社在为农服务中心持股比例不低于 70%。

（三）构建协同服务机制

山东省供销合作社通过构建层级协同、功能协同、资源协同、资金协同、主体协同的五大协同机制，有效支撑为农服务的开展。一是层级协同。构建省（市）社控股社有龙头企业，县级社控股农业服务公司，乡镇农民合作社联合社控股为农服务中心的层级体系，形成上下协同的工作机制。二是功能协同。按照层级定位，社有龙头企业、农业服务公司、为农服务中心分别承担 6 项服务职能，注重服务的系统性、整体性、规模性、经济性。三是资源协同。聚合农业农村主管部门、科技主管部门、农科院等部门、机构的资源和职能，横向聚合各方资源，促进资源转化，形成为农服务合力。四是资金协同。构建省财政和地方政府财政协同的资金支持机制，协同为农服务中心给予专项资金补贴。五是主体协同。促进龙头企业、农民合作社、家庭农场、专业大户等新型农业经营主体的联合合作，推行基地共建、品牌共创、利益共享，提升开展农业全程社会化服务的能力和水平。

三、“大田托管”的现实成效

（一）农业现代化服务水平大幅提升

1. 创新土地托管服务模式

山东省供销合作社通过为各类农业经营主体提供“保姆式”“半托式”农业生产服务，有效缓解了山东省农业无人种地的现实难题，促进了农民打工和种地增收两不误，带动了农业适度规模经营，促进了农业节本增效和现代化发展。山东省供销合作社的为农服务经验受到广泛认可，形成的“土地股份合作社 + 生产全托管”的经营模式入选全国首批 20 个农业社会化服务典型案例。

2. 强化合作社参办领办水平

山东省供销合作社联合村“两委”、农民、村集体等，创新农民专业合作社发展的多要素入股方式、创新农民专业合作社发展模式。山东省供销合作社构建“保底收益 + 盈余分红”收益分配模式，引导农民以土地承包经营权入股，村集体以土地整合后的溢出土地和农业设施入股，供销合作社以生产投入或资金入股，共同组建土地股份合作社，实现农民增收、村集体受益。

3. 健全为农服务中心设置

按照整合资源、完善功能、健全政策逻辑，山东省供销合作社争取党委政府政策支持，联合各为农服务主体，整合为农服务资源，搭建为农服务综合平台，开展测土配方、智能配肥、统防统治、农机作业、烘干贮藏或冷藏加工、庄稼医院、农民培训等服务，推广新技术、新品种、新业务等，有效满足各类农业经营主体农业生产服务需求，促进农业现代化发展和提质增效，提升农民收入水平。

（二）农产品流通服务水平明显增强

1. 传统经营网络改造升级

山东省供销合作社推进商超连锁经营体系完善、农资经营模式创新、农批市场健全等。一是推进完善商超连锁经营体系。重点推进县域商超连锁体系完善，构建县级有大型购物中心（超市）和配送中心、乡镇级有直营店和农村有加盟店的县域连锁经营网络体系。二是推进创新农资经营模式。顺应现代农业发展需求，创新“技物结合”农资服务模式，推动由卖农资向卖服务转型。三是围绕生鲜农产品营销需求，重点推进仓储冷链物流，补齐农产品批发市场冷链短板。

2. 产销对接服务创新发展

通过强化产销对接和创新营销模式，山东省供销合作社有力助销农产品。一是强化产销对接。促进农产品与市场的直接对接，强化农超、农社、农企、农批对接，采取农产品直供直销、集采集配等产销对接模式，有效提升农产品销售效能。二是创新营销模式。顺应市场升级需求，创新发展“中央厨房”销售模式，健全基地直采、净菜加工、订单供应、冷热链配送一体联通的全产业链营销服务模式，实现了农产品从田间到餐桌的高效率。

3. 农村电商服务有效开展

按照打造电商平台、健全物流体系、完善配送链路的思路，山东省供销合作社通过数字技术赋能，打造电商服务平台，构建物流配送体系，完善网上交易、仓储物流、终端配送一体化的消费端配送体系，有力促进了农产品通过线上平台的出村进城，提升了供销合作社助力农产品销售的效率。

（三）新型农村合作金融服务有效落实

1. 信用互助合作有效发展

按照资金互缺调剂、互帮互助、风险管控原则，山东省供销合作社在领办的农民合作社内部规范开展信用互助业务，健全内部资金互助运行管理制度，引入外部第三方评估力量，实现资金互助业务开展风险的有效管控和运行。山东省供销合作社有序推进资金互助业务的有序规范发展，按照试点、调整、规范的发展路径，实现农民专业合作社资金互助业务试点单位建设和规范发展。其中，安丘石埠子供销合作社顺利成为农民合作社资金互助业务试点单位。

2. 合作发展基金得以建立

按照资金共入、风险共担、发展共享原则，山东省供销合作社设立“大田托管”业务所需的合作发展基金。基金主要用于“大田托管”所需的各项涉农项目投资，兼顾公益性和市场性属性。山东省供销合作社注册成立山东供销股权投资基金管理有限公司，枣庄市、青岛市等建立合作发展基金。

3. 农业保险普惠有效

面对农业靠天吃饭呈现的风险高、收益长的现实问题，通过发展农业保险业务，优化保险投保要素，创新农业保险模式，实现对山东省农业发展的自然风险和市场风险的有效保障。其中，开展覆盖完全成本的农业补充商业保险，创新发展“保险＋期货”的特色农业保险模式，有效发挥了农业保险的普惠效应。

4. 金融服务丰富便捷

山东省供销合作社聚合供销合作社内部的融资担保公司、小额担保企业等，联合引入银行、农担、保险、期货等社会市场性和政策性金融服务机构，为农民提供丰富便捷的金融服务。山东省供销合作社联合山东省财金投资集团有限公司和系统内有关企业组建山东供销融资担保股份有限公司，注资山东供销小额贷款有限公司，将其升级为省级平台，为系统发展提供融资服务。

课堂延伸

创新“大田托管”模式 助力农民增收

潍坊市峡山区郑公街道中岭村党支部办公室里人头攒动，村民一大早就来排队领取土地流转费。“每亩地600块钱流转费，等到明年打了粮食每亩还有保底200块钱的分红，比以前200块一亩的流转费高多了。”村干部崔继忠把家里的六亩多耕地全都流转了出去，领到了3 750元。不止村民能领到分红，村集体也可以领到一定的分红。各村党支部成立合作社，集中流转全村土地，引入企业通过规模化种植实现控本增效，粮田还没有收获时就先行付给村民下一年度的流转费，收获后再根据收成分别给村民和村集体分红。通过党建引领，增加农民收入，壮大集体经济，这是郑公街道探索“大田托管”智慧服务模式的创举。

郑公街道依峡山水库而设，辖区南北狭长约30千米，东西方向最窄处不足500米；42个行政村里有36个移民村，整体搬迁村16个，移民数量占全街道总人口的45%；人均耕地面积最少的村，每人还分不到一亩，最多的也不过二亩……种种因素制约着郑公街道农业的发展。种粮收入偏低，加上工业基础相对薄弱，年轻人纷纷选择外出打工。据街道干部介绍，全街道4.07万人口，留在家里的只有2万出头。

2021年，为全面保障粮食红线，郑公街道引进了金丰公社项目，在全街道范围内推动土地集中流转，大力发展粮田托管农业，建设峡山区农事服务综合体，并与鲁担（山东）城乡冷链产融有限公司合作，在中岭村试点先行给付土地流转费，着力提升村集体和托管群众经济收入，形成“三方获利”的共赢局面。资料显示，潍坊金丰公社农业服务有限公司注册成立于2019年，前身为忠信农机专业合作社，曾被授予“国家农民专业合作社示范社”荣誉称号。金丰公社为农业生产企业、合作社及农户提供农产品生产的产前生产要素、产中专业化高效管理以及产后对接市场需求等全产业链农业托管服务。

资料来源：潍坊峡山区郑公街道：创新“大田托管”模式，助力农民增收[EB/OL].鲁网，2021-11-26.

思考

山东省供销合作社“大田托管”模式破解“谁来种田”难题的主要做法是什么？这体现了什么供销精神？

第四节 广东省供销合作社的改革实践

一、如何推动农村现代化

（一）群众利益诉求多元化

广东省是我国经济发展水平较高的省份，也是社会变革发展迅速的省份。在这样的变革过程中，广东省的农村呈现以下特征：一是村民的生活生产方式、思想价值观念逐步转变。二是城乡融合加速，村民的自我意识、法治意识、服务意识日益增强。三是随着城镇化推进，农村征地拆迁等过程中的利益需求日益高涨，利益纠葛越来越多。四是村民参与村务的意识越发明显，希望参与和监督村级事务管理的愿望日趋强烈。五是村民对政府为民办实事的要求和期望越来越高。

（二）各类矛盾纠纷日趋复杂

广东省农村的矛盾，呈现由简单的邻里矛盾，转变为由村民、村两委、企业、政府等各相关主体之间的矛盾，矛盾主要围绕经济利益、法治诉求、权利主张等，并可进一步归类为经济矛盾、干群矛盾、村务矛盾、社会矛盾等。一是经济矛盾。它包括宅基地、土地承包、项目征地、林地收益等方面的矛盾。二是干群矛盾。它包括因干群不信任、干部政策宣传执行不到位等导致的村民与村两委、政府等之间的矛盾。三是村务矛盾。它包括村务不及时公开、村民选举纠纷、村民参与权未保障等产生的矛盾。四是社会矛盾。它包括医疗纠纷、环境保护纠纷、道路交通事故纠纷等矛盾。

（三）农村缺乏人才问题突出

随着广东省城乡发展差距扩大，以及教育的普及，农村进城务工人员和求学人员越来越多。这些人员总体年轻，知识和眼界相对较高，综合素质较为优秀。也就是说，广东省农村人口结构呈现大量精英“离土又离乡”的发展趋势。与之对应的是，农村剩下的人口主要为老人、妇女、儿童以及其他弱势群体。因此，农村社会问题的应对，呈现出治理人才短缺的现实困境。

（四）农村服务力量存在不足

面对复杂的农村社会问题以及长期以经济发展为中心的政策导向，基层政府和干部要处理复杂的各项事务，尤其要将精力聚焦到促进经济发展的事务中，与村民交流沟通较为缺乏，对农村社会问题的症结和村民的现实需求缺乏应有的了解。同时，我国基层政府的观念未及时转变，服务群众的自觉性、主动性不足，习惯于以发布行政命令、下发文件等方式推动工作，与农村社会问题解决的现实需求存在脱节。

二、助力农村现代化的基本做法

（一）完善产业发展服务能力

1. 完善生产服务体系

面对种好农产品，满足市场优质需求的现实，广东省供销合作社将简单的农资供应服务，转变为技物一体、全程服务的新型农资经营模式，为农民提供科学的农业生产服务方案，有力促进了农业发展水平的提升。

2. 健全物流服务体系

广东省供销合作社围绕构建完善的农村物流体系，重点补齐生鲜农产品冷链物流网络，推进节点性冷库建设，形成“总部物流园区＋主销区冷库和物流园＋主产区小型冷库和集配中心”的物流服务体系，为乡村农副产品和生鲜农产品的流通提供有力的物流支持。

3. 强化经营服务体系

推进农批市场、零售网点、村综合服务社等组织体系的建设，发展种养基地、农超对接、团体配送、农村电子商务等经营服务模式，畅通乡村农产品出村进城通道。

4. 创新环境服务体系

围绕乡村生活垃圾，以及农膜等生产废弃物污染等环境治理问题，广东省供销合作社通过建立再生资源回收站点，创新“互联网＋垃圾分类＋资源回收”的线上环境服务平台，开展农村生活生产垃圾的回收和资源化利用服务。

（二）强化乡村综合服务能力

1. 建立产业园区推动乡村提速发展

按照建设“农业产业园＋农业社会化服务”的发展思路，广东省供销合作社以社有企业为主导力量，联合各地社有企业共建农业产业园，构建多样化、精准化的生产生活服务体系，以产业园带动当地乡村经济发展、社会善治、农民增收、人才引入等，有力支持了乡村的提速发展。

2. 开展试点示范助力乡村提质发展

以推动乡村高质量发展为目标，以强化乡村治理水平和服务水平为方向，广东省供销合作社通过全新建设、盘活建设、用好社会资源建设的发展路径，推进县域助农服务综合平台和镇村助农服务中心建设。在此基础上，按照乡村高质量发展的现实要求，以高标准推进服务平台建设，完善农技推广应用服务、冷链物流服务、农产品日用品双向流通服务、农业机械服务、农村产业融合服务、法律咨询服务、社会矛盾调解服务等服务功能的有效构建和运行，有力支撑乡村的提质发展。

3. 实施人才培养助推乡村共富发展

面向乡村发展人才不足的现实问题，广东省供销合作社以实施乡村人才的学历教育和职业技能培训为举措，协同本科院校、职业院校、研究机构等的课程资源和师资力量，发挥省、市、县、乡四级供销合作社体系优势，开展人才培训培育基地建设，开发专业化、职业化的培训课程和资源开发，实施“粤菜师傅”工程、学历提升培育等项目，有力应对乡村发展人才不足的现实困境。

（三）强化后进群体服务能力

1. 组织开展后进村民助销活动

广东省供销合作社发挥供销合作社商贸流通的传统优势，通过各级供销合作社商贸连锁经营社有企业，在连锁经营网点设立消费扶贫专区（柜），在农产品批发市场专设贫困地区产品销售展区，组织贫困地区参加各类产销对接会，开展对广东后进地区村民农产品的有力助销，促进后进村民的增收致富。

2. 扎实做好后进乡村帮扶工作

广东省供销合作社以重点帮助后进乡村地区发展项目、激活后进乡村地区发展活力为目标，以供销合作社优势资源和项目，撬动和引导社会资本参与，通过产业带动、项目扶持、资金投入等方式，带动后进乡村地区加速发展。其中，广东省供销合作社在徐闻县公港村建设海产品专业合作社，有效带动当地海产品养殖销售。

三、助力农村现代化的现实成效

（一）产业发展服务成果显著

一是培育了一批带动力强的为农服务龙头企业。广东省供销合作社发展了一批以技物结合服务、冷链物流服务、粮油服务等为主的龙头企业，有效构建了带动广东农业农村发展的驱动力量。二是技物结合服务有效开展。全省各级农资服务企业有效推进“技物结合”服务创新发展，销售肥料农药等市场占有量稳步提升。其中，广东省供销合作社社有企业广东天禾农资股份有限公司稳步推进省内外分支机构建设，乡村农业生产服务水平有效提升。三是冷链物流服务水平有效提升。广东省供销合作社推进社有企业广东新供销天业冷链集团有限公司建设，支持推进冷链物流冷库完善建设，推动其成为广东本土投入运营库容最大的冷链物流企业之一。四是粮油服务业务有效拓展。广东省供销合作社推进社有企业广东新供销天润粮油集团有限公司向全产业链服务发展，构建粮食种植、仓储、加工、销售、电子商务贯通的服务格局，完善粮食储备基地、终端经营门店等服务节点建设，有效实现了粮油服务的大部分县区及中心城镇的覆盖。

（二）助力增收致富效果明显

一是项目带动助农增收效果明显。广东省推进各类项目建设的资金投入，重点推进后进乡村产业扶贫项目的建设，优化产业扶贫项目推进的专业合作社参办领办，专业合作社发挥带动农民增收致富作用，实现乡村发展的有效带动。二是助销带动助农增收致富效果明显。通过设立消费扶贫专区（柜），开展各类产销对接活动等，有效帮助后进乡村地区各类农副产品的销售。

（三）乡村文化营造效果显著

通过发展，广东省各级供销合作社发挥了带动乡村文化向善的作用，为乡村文化有效注入了供销文化力量。具体来看，全系统继承发扬“背篓精神”“扁担精神”的光辉文化，持续涌现一批获得广东省五一劳动奖章、广东省劳动模范、全国供销合作社系统劳动模范等荣誉的优秀典型代表，为乡村文化发展提供了供销榜样力量。

课堂延伸

清远服务型供销合作社打通了农产品进城的“最后一百米”

在镇村里，农户打个电话就能送农资、生活用品上门；水稻播种、喷药、收割、烘干等工序都可以机械化操作。在供销合作社领办的专业合作社，农户只管把农产品种好，就会有人前来收购，再也不用愁销路问题。而在城市里，市民可以在供销合作社领办的“逗创鲜生”门店，以优惠的价格购买到本地生产蔬果肉类，打通了农产品进城的“最后一百米”。

这一切，得益于近年来如火如荼开展的供销合作社综合改革。近年来，清远供销系统

紧紧围绕打赢脱贫攻坚战和实施乡村振兴战略，以综合改革为契机，坚持为农服务宗旨，强化基层基础，密切与农民利益联结，创新联合治理机制，努力探索形成为农服务新经验新模式，基层经营服务网络布局逐步优化，经营规模和服务领域逐步扩大，综合经济实力不断提高，新供销服务“三农”综合体系进一步完善。

资料来源：李志芳．清远“服务型供销社”打通了农产品进城的“最后一百米”[EB/OL]．清远日报网，2021-04-30.

思考

广东省供销合作社促进农村现代化发展的主要做法是什么？这体现了什么供销精神？

第五节　河北省供销合作社的改革实践

一、谁提供农民生产生活服务

长期的城乡“二元”发展格局，造成了我国城乡发展差距扩大，乡村的公共服务和社会化服务水平长期落后于城市，造成了乡村生产生活需求未有效得到满足。而随着乡村振兴战略的提出，为乡村生产生活提供各种服务，为乡村产业兴旺、生态宜居、乡风文明、治理有效、生活富裕注入服务力量，成为当务之急。

（一）提供服务是村民生活方式变革的需求

一方面，城市文化、资本、技术等渗透、影响着乡村，尤其是城市产品下乡以及电商由城及乡向乡村渗透发展，都对乡村的生活方式和消费理念产生了明显的影响，广大农民对美好生活的诉求日益强烈。另一方面，长期的城乡割裂，造成了农村发展落后于城市，城乡面貌反差悬殊，无论是在基础设施还是公共服务方面，在广大农村的历史欠账都较多。因此，在乡村振兴背景下，为乡村生产生活提供服务，不仅仅是农民提出的现实需求，更是当前乡村振兴战略背景下的政策导向和要求。

（二）提供服务是激活乡村消费活力的要求

当前，乡村是我国提升消费活力，形成拉动经济发展另一动力的重要市场。然而，乡村消费活力未被有效激发，不完全在于乡村经济发展水平不高，更在于乡村的基础设施水平、产品供给水平、基础设施水平等方面的不足。为乡村生产生活提供服务，可以促进改善农村基础设施和公共服务设施，优化农村消费环境，促进农民消费水平提升。

（三）提供服务是推进县域经济发展的路径

由于县域经济发展本质上是由一个个乡村经济增长极构成的，因此乡村经济是县域经济发展的基础。为乡村生产生活提供服务，能有力提升农村面貌，提高村民生活质量，促进生活环境改善，推动生活方式转变，为农村经济发展营造更好的环境和条件，进而使县域经济发展更具生机和活力。

二、乡村服务体系建设的基本做法

（一）建设县域综合服务平台

1. 村社共建助力新农村建设

河北省供销合作社结合新型城镇化战略、美丽乡村建设，推进完善县域供销合作社组织体系，呈现如下特点：一是建设方式。河北省供销合作社采取供销合作社筹资主办、与乡（镇）村联合兴办、组织社会经营户共建等多种方式推进完善供销合作社组织体系。二是体系建设。重点形成乡镇、村级两个层面的组织体系，村级建立农村综合服务社，乡镇建立社区综合服务中心，并形成辐射周边多个镇村、服务更多农民的农村综合服务网络。

2. 合作共建助力基层社改造

河北省供销合作社依托供销合作社在县域的组织基础、人才队伍、经营经验等优势，推进基层社改造升级和村综合服务社建设发展，呈现如下特点：一是建设方式。以供销合作社为牵引主体，吸收农民专业合作社、农业龙头企业等农业经营主体入社，共同开展基层社改造升级。二是建设内容。河北省供销合作社推进基层社农资服务、电商服务、日用品服务、废弃物服务等服务功能建设。

3. 社企共建助力经营网络延展

河北省供销合作社推动各级供销合作社和社有企业联手，发挥社有企业的经营资源和经验优势，以及发挥各级供销合作社的组织网络体系优势，建设完善开展金融服务、电商服务等业务所需的组织体系，构建上下贯通的为农服务体系，提升为农服务能力。

（二）提升综合服务平台建设管理规范化水平

1. 制定综合服务平台建设标准

河北省供销合作社充分根据各地农村生产生活现实需要，制定符合实际、指导性好的村综合服务社建设标准指导文件，以覆盖完全、服务便捷为原则，结合小城镇建设和商圈辐射范围统筹规划，确定综合服务社（中心）规模与服务项目，实现服务性和经济性的兼顾。

2. 开展综合服务平台星级建设

河北省供销合作社以统一名称、统一标识、统一外观装饰、统一服务承诺的标准，加强村综合服务社等的标准化建设，并以星级村综合服务社创建，倒逼其迈向高标准和高质量发展。

3. 拓展综合服务平台业务功能

河北省供销合作社根据乡村经济社会涌现的各项需求，优化传统服务业务，拓展创新新模式、新业态，提供农资和日用消费品供应、农产品加工销售、土地托管、电子商务、文化娱乐、养老幼教、就业培训、代办代理等服务，有效为乡村生产生活提供服务。

（三）依托综合服务平台拓展服务领域

1. 完善农业生产服务

河北省供销合作社充分按照资源互补原则，社有企业提供经营服务网络、村集体提供经营场所、有关经营主体提供人才经验，共同开展农业生产服务组织建设，重点提供良种推广、耕种浇水、测土配肥、统防统治、联合收割、加工销售等系统性、全方位、一体式服务。

2. 提供再生资源服务

河北省供销合作社重点推进建设县级分拣加工中心，依托村综合服务社完善村级再生资源回收网点布局，促进村级再生资源回收网点与县级分拣加工中心的有效对接，促进乡村废弃生产生活资源的有效回收和循环利用，实现对美丽乡村建设和生态环境改善的助力。

3. 发展农村电商服务

河北省供销合作社通过建设电商平台，发展乡镇级和村级电商服务站，完善电商物流配套设施，为村民提供快递代收代寄、网络代购、农产品销售以及手机充值、水电费缴纳、“三农”信息发布等服务，有力解决了农村物流“最后一公里”问题。

4. 开展农村金融服务

河北省供销合作社组建了投资管理、产权交易、农村资金互助、小额贷款、互联网金融、融资担保、合作保险、金融租赁等金融服务平台，对接市、县社，在农村社区综合服务中心设立经营网点，构建起上下贯通的农村金融服务体系。

5. 创新社会治理服务

河北省供销合作社依托城乡社区综合服务中心，采取市场化运作方式，开展养老、托儿、妇女服务、残疾人康复、家庭教育等社会服务，为城乡居民提供综合性、个性化生活服务。

三、乡村服务体系建设的现实成效

（一）扩大了供销合作社经营网络覆盖面

一是有效完善城乡经营服务组织。河北省供销合作社推进农村社区综合服务中心、农村综合服务社发展，基层供销合作社组织短板得到补齐，农村综合服务组织实现快速发展。二是有效构建农村生产生活服务功能。河北省供销合作社推进完善农村各类服务组织功能，重点推进农资、日用消费品、农产品经营的改造发展，顺应电商发展趋势，拓展完善农村电商服务平台、农村电商移动端应用、农村电商物流体系，实现了河北省供销合作社经营服务的“线上线下”融合发展。三是城乡经营服务渐成体系。河北省形成了集连锁企业、配送中心、连锁配送网点于一体的连锁经营体系，构建了乡镇电商服务站、村级服务站的县域电商服务体系，供销合作社逐渐成为农村流通中的主渠道。

（二）带动了基层社的改造与发展

一是推动基层社有效重建。对于基层社空白区域，河北省供销合作社发挥社有企业人才、资源、业务等优势，引导和吸纳社会资金参与建设，推动基层社空白区域发展村综合服务社，重建供销合作社服务阵地。二是推动空壳村重构业务功能。河北省供销合作社围绕乡村生产生活的现实需求，推动社有企业为空壳社提供支撑，拓展发展创新业务功能，实现空壳社恢复经营服务功能。三是推动基层社规范发展。河北省供销合作社聚焦乡村涌现的新需求、呈现的新趋势，推动实力较强的基层社发挥资产优势，发展具有服务优势的、满足乡村需求、可持续发展的业务，实现基层社有效规范发展。

（三）搭建了资源整合的服务平台

一是搭建了整合涉农服务职能的平台。河北省供销合作社争取党委和涉农服务的支持，推动各相关部门将涉农服务职能和资源整合到农村综合服务社，有效提升了农村综合服务社的综合服务功能。二是搭建了村集体经济服务平台。河北省供销合作社联合村“两委”，整合乡村闲置房屋和土地到村综合服务社，由村综合服务社单独或者联合市场进行开发运营，实现乡村闲置房屋和土地的有效盘活和变现，既服务了农民群众，又增加了集体收入。三是构建了公益性服务的综合平台。河北省供销合作社聚焦政府委托购买服务和乡村公益服务，争取政府委托购买服务的资金补贴和财政，发展乡村继续的公益性服务功能，在有效的公益性服务中实现了财务平衡，既满足了当地群众的生产生活需求，又保证了自身的可持续发展。

课堂延伸

开放办社，变买卖关系为利益共同体

河北省供销合作社在基层社改造中，按照强化合作、农民参与、为农服务的总要求，坚持以农民为主体，以农民出资、农民参与、农民受益为总原则，密切与农民的利益联结。

作为全国基层社的一面旗帜，遵化市马兰峪镇供销合作社也曾在市场经济大潮冲击下“丢盔弃甲”，服务功能和组织体系几乎完全丧失，与农民的利益联结中断。在改革春风的吹拂下，遵化市社以密切与农民的利益联结为根本，广纳贤才，开放办社。遵化市社选择村干部牵头组建新的马兰峪镇供销合作社，同时吸纳村干部领办的4家农民专业合作社。新组建的供销合作社在经营日用品、农副产品、农资销售等传统的服务功能基础上，将村内各类经营主体纳入供销合作社系统，发展家政服务、餐饮、旅游、金银器皿工艺制作、文化交流等新型经营服务功能，实现了一二三产业有机融合，带动当地3 000多人就业，为社员年增收1 500万元。

地处太行山脉的灵寿县青同镇供销合作社和灵寿县青同镇合作社联合社，两社融合发展，采取土地入股、托管、互换等方式，流转土地1 120余亩，共经营土地3 000余亩，围绕当地主导产业和特色产业，打造了集农业新品种示范、绿色果蔬采摘、生态养殖、科技培训、休闲养生于一体的现代农业生态园区，成为青同镇发展生态农牧循环经济的示范工程，带动5 000余农户发展现代农业。

不拘模式，不拘形式，只要对发展有利，河北省供销合作社都放手支持，充分发挥农民的创造精神，致力营造百花齐放的良好氛围。经过探索，河北省形成了浅山区农业规模化经营的平山“葫芦峪模式”、基层社农机规模化服务的“南高模式”、农业生产全程化托管的“玉田模式”、农民以土地入股合作的“饶阳模式”、物联网技术助农发展的“涿鹿模式”等现代农业发展模式，并迅速在全省推广。

同时，河北省供销合作社还积极试点“新农协”模式，探索“政府主导、供销合作社主办、农民主体、民主参与、市场化运作”的基层社深度改造的新路子。河北省供销合作社联合区域内农户、个人、农民专业合作社、涉农企业和其他涉农团体、相关事业机构，自愿组成，在民政局注册登记，以此将分散的农民及各类经营主体组织起来，抱团闯市场。目前，在内丘和涉县两县19个村试点，农户平均入会率达85%以上，专业合作社、涉农企业等团体会员入会率达50%以上。

资料来源：李银堂．构建与农民唇齿相依的利益共同体：河北省供销合作社深化改革引领农村经济跨越发展调查[EB/OL]. 中华时报网，2016-10-21.

思考

河北省供销合作社提升农民生产生活服务能力的主要做法是什么？这体现了什么供销精神？

课后习题

一、单项选择题

1. 供销文化促进供销合作社综合改革的价值不包括（　　）。

A. 提供土壤　　B. 注入动能

C. 改善面貌　　D. 巩固关系

2. 浙江省供销综合改革主要解决的问题是（　　）。

A. 城乡如何协同发展　　B. 谁来种田

C. 农业农村现代化　　D. 农民生产生活服务

3. 山东省供销综合改革主要解决的问题是（　　）。

A. 城乡协同　　B. 谁来种田

C. 农业农村现代化　　D. 农民生产生活服务

4. 广东省供销综合改革主要解决的问题是（　　）。

A. 城乡协同　　B. 谁来种田

C. 农村现代化　　D. 农民生产生活服务

5. 河北省供销综合改革主要解决的问题是（　　）。

A. 城乡协同　　B. 谁来种田

C. 农业农村现代化　　D. 农民生产生活服务

二、论述题

1. 简述浙江省供销合作社改革实践的基本做法。

2. 简述山东省供销合作社改革实践的基本做法。

3. 简述广东省供销合作社改革实践的基本做法。

4. 简述河北省供销合作社改革实践的基本做法。

实训任务

1. 5～6人为一组，通过查询资料或电话调研，了解山东省某一家供销合作社“大田托管”服务模式的实践情况，总结主要做法、取得的成效、精神内涵，并形成调研报告。

2. 团队实训考核评价。

实训考核评价表如表 5-1 所示。

表 5-1 实训考核评价表

组别	考核点							总分
	资料翔实	逻辑清晰	文字流畅	观点明确	调研深入	团队合作	其他方面	
第 1 组								
第 2 组								
第 3 组								
……								
第 n 组								

第六章

供销合作社的国际交流与合作

学习目标

知识目标

通过本章学习，你应该：

1. 了解国际合作社联盟的内涵与原则。
2. 了解国际合作社联盟的宗旨。
3. 了解中华全国供销合作总社加入国际合作社联盟的发展历程。
4. 掌握我国供销合作社在国际交流中的作用。
5. 能够清晰知晓国际合作社联盟的机构。

素质目标

通过本章学习，你应该：

1. 熟悉国际合作社联盟的精神。
2. 能够养成促进供销合作社发展的国际化视野。
3. 具备引领国际合作经济事业发展的担当精神。

导入案例

国际合作社联盟与国际合作社日

1844 年罗虚戴尔公平先锋社在英国诞生，揭开了现代合作社运动的序幕。国际合作社联盟于 1895 年在伦敦成立。1922 年，国际合作社联盟决定将每年 7 月的第一个星期六确定为“合作者的节日”（International Day of Cooperatives）。1992 年联合国大会通过决议，宣布 1995 年 7 月的第一个星期六为联合国国际合作社日，以纪念国际合作社联盟建立 100 周年，并决定考虑将来每年都将此日定为联合国国际合作社日。

COOP International Cooperative Alliance

国际合作社联盟是世界上历史最悠久、规模最大的独立的非政府性社会经济组织之一，它团结、代表并服务于全世界的合作社。国际合作社联盟的会员组织包括世界各国的全国性合作社组织和国际合作社组织。

中华全国供销合作总社于 1985 年代表中国合作社正式加入国际合作社联盟。多年来，中华全国供销合作总社致力于国际合作社事业，为推动国际合作社运动的发展做出了重大贡献，在国际合作社大家庭中发挥着越来越重要的作用。

◎**案例思考：**联合国为什么要设立国际合作社日？加强与国际合作社的联系，对我国合作社发展有什么重要价值？

第一节　国际合作社联盟概述

一、国际合作社联盟简介

（一）国际合作社联盟的内涵

1895 年，国际合作社联盟（International Cooperative Alliance，ICA）于英国伦敦成立，总部设在瑞士日内瓦。国际合作社联盟是一个独立的非政府性的国际组织，具有重要的地位和作用。

国际合作社联盟的会员组织是各个行业领域的全国性合作社组织和国际合作社组织，包括但不限于农业、渔业、银行、保险等行业。

（二）国际合作社联盟的宗旨

2003 年 9 月 4 日，国际合作社联盟全球大会通过了《国际合作社联盟章程》。章程指出，国际合作社联盟作为全球各种合作社的代表，其基本宗旨是宣传合作社组织原则，推动合作社运动的发展，维护合作社利益，促进各国劳动者团结、合作、共同进步。

国际合作社联盟的宗旨主要包括：在相互帮助、自助和民主的基础上促进世界合作社运动发展；促进并保护合作社价值与原则；促进会员组织间经济关系及其他互利关系的发展；促进人力资源的可持续性开发；促进经济、社会发展，从而为世界和平与安全做出贡献。

（三）国际合作社联盟的原则

国际合作社联盟为合作社发展制定相关原则，主要包括自愿开放、民主管理、经济参与、自主自立、教育培训、合作社间的合作、关注社会等。

1. 自愿开放

合作社是自愿组成的组织，它的成员资格向所有能利用它的服务并愿意承担相应义务的人开放，不能有任何人为的限制或任何社会、政治、种族和宗教的歧视。

2. 民主管理

合作社是由成员民主管理的组织，它的事务由积极参与政策制定和决策的成员管理。在管理运行中，合作社应当按照民主的方式进行组织，成员拥有平等的投票权（即一人一票），参与投票的成员（或成员代表）应对合作社负责。

3. 经济参与

合作社强调成员的经济参与，包括资本参与和交易参与。资本参与方面，合作社所需的资本由成员均摊，并由成员对资本进行民主管理。合作社的资本强调有限报酬，成员按照对合作社资本的出资贡献，可取得有限的补偿，部分合作社资本则划归为成员共有资产，成员可利用共有资产发展他们的合作社。交易参与方面，合作社鼓励成员参与交易并享受盈余分配，盈余按照成员与合作社的交易额的比例进行分配。

4. 自主自立

合作社是由它的成员所控制的自主、自助的组织。在合作社与政府等其他组织联系过程中，包括签订协议、获取资金时，必须保证成员对合作社的民主管理，以保障合作社的自主性。

5. 教育培训

合作社应为它的成员、管理者和雇员等群体，提供教育和培训，以提升他们有效促进合作社发展的能力。

6. 合作社间的合作

一个国家或地区的合作社只有通过与其他国家或地区的合作社合作，才能更有效地服务于其成员并促进自身的发展。

7. 关注社会

合作社通过采用其成员核准的政策促进其所处社会的可持续发展。

课堂延伸

“互助”“团结”“自我管理”“民主”的联盟精神

2020 年 9 月，习近平对供销合作社工作作出重要指示强调，开创我国供销合作事业新局面。从国际角度讲，于当今世界变局中不断开创供销合作社国际交流合作新局面是题中应有之义。“志合者，不以山海为远。”供销合作社在对外交往中始终秉持开放、包容、合作、共赢的精神，加强与各国合作社的交流互鉴，深化务实合作，促进相互信任，实现共同发展。近年来，中华全国供销合作总社深入贯彻落实习近平外交思想，紧紧围绕共建“一带一路”，积极推动构建“合作社”命运共同体。围绕中华全国供销合作总社工作大局和综合改革任务，中华全国供销合作总社充分发挥合作社在对外交往中的独特优势，主动谋划、努力进取，以合作社高层次对外交往为引领，全面推动多层次、宽领域的务实合作，致力于构建真诚互信、密切协作、互学互鉴、合作共赢的合作社国际交往格局；充分发挥合作社民间外交的独特优势，广交新朋，不忘老友，不断扩大合作社的“朋友圈”。

中华全国供销合作总社注重开展国际合作，既承办过多次联合国、国际劳工组织和国际合作社联盟的高层次国际会议，又面向各国基层合作社组织开展常态化援助培训；既注重推动经贸投资领域的务实合作，又鼓励合作社青年、妇女开展多边交流互鉴，做了大量富有成效的工作，得到多国特别是发展中国家合作社的认可和赞誉。在国际合作社联盟广大会员的支持下，中华全国供销合作总社有关领导连续二十多年担任国际合作社联盟副主席、亚太地区主席，为服务国家总体外交、助力民间交往合作不断做出贡献。

资料来源：习近平对供销合作社工作作出重要指示［EB/OL］．中央广播电视总台央视新闻网，2020-09-24.

思考

国际合作社联盟的宗旨和原则，与我国供销合作社的宗旨和原则有哪些异同？产生异同的原因是什么？

二、国际合作社联盟的机构

国际合作社联盟的机构主要有全球（地区）大会、理事会、审计管理委员会等。

（一）全球（地区）大会

1. 全球大会

全球大会的工作内容包括：制定和执行关系国际合作社联盟前途和世界合作社运动等重大问题的有关方针、政策；通过国际合作社联盟的工作计划；选举主席、理事会和审计管理委员会，并对副主席选举结果进行确认；根据理事会的建议，确认对秘书长的任命或罢免；在2/3票表决赞同的情况下，修改联盟章程、规则、政策和程序；决定会员会费和代表制度；通过联盟年度审计账表和审计管理委员会的报告；代表国际合作社联盟确认理事会和联盟其他地区或专业机构对给联盟带来的债务、责任的处置，如投资、借贷、抵押、不动产买卖及其他协议；根据理事会的建议，批准成立或解散联盟专业机构。所有经全球大会投票表决的问题，除专门另行规定的以外，均应按多数票的意见做出决定。在特殊情况下，可以进行函电表决。

2. 地区大会

为促进国际合作社联盟会员组织之间在地区内的合作，并提供一个讨论地区性问题的论坛，国际合作社联盟应建立地区大会作为其领导机构的一部分。地区大会的工作内容包括：在本地区执行全球大会的决定；建立国际合作社联盟在本地区工作计划的重点；提出报告、计划和决议供全球大会研究；选举一名地区主席，经联盟全球大会批准后还将担任国际合作社联盟副主席；选举产生一个地区管理机构；经全球大会批准，制定本地区的工作程序和代表章程。国际合作社联盟其他地区和会员组织，可作为观察员参加一地区的地区大会，但须按规定缴纳注册费。

（二）理事会

1. 理事会的运行

理事会包括：主席、4位副主席和另外15位全球大会选举出来的成员，一届任期4年，如有空席，须在下届全球大会上补选。全球大会选举后，如理事会认为妇女代表数目不足，可暂时选择不超过4名妇女候选人加入理事会。选择结果应报下次全球大会确认。理事会至少一年集会一次，还可根据2/3的理事的请求或主席的决定临时召集会议。无表决权的替补代表可以参加会议，但仅限于特殊情况下并须经主席同意。可以通过通信的方式做出决定。同一个国家的会员组织不得在理事会占有一个以上的席位，仅对国际合作社联盟主席例外。任何人如其所属组织已脱离了国际合作社联盟或未经理事会批准拖欠会员费，或其代表资格已不被其提名组织所认可，则不能参加理事会。

2. 理事会的职责

理事会的职责包括：制定和检测国际合作社联盟的全球策略；在全球大会休会期间，管理国际合作社联盟事务；组织全球大会并为之准备议程；就所有会员申请及有关问题做出决定；批准联盟预算并监督其实施；就投资、借贷、抵押和不动产买卖等事宜做出决定供全球大会确定；负责指定、撤换联盟秘书长，并决定其报酬；在提交全球大会前审阅审计管理委员会的报告；指定国际合作社联盟审计员，并听取年度汇报；从其成员及其他人中挑选人选组成含主题委员会在内的各个委员会，并决定他们的任期；指定一名理事会成员在主席缺席时代行其职。

（三）审计管理委员会

全球大会应从其代表中选举出一个审计管理委员会，由不少于 3 名、不多于 5 名代表组成。审计管理委员会应进行下列工作：根据《国际合作社联盟章程》所规定的义务检查国际合作社联盟的财务管理情况；检查成员组织的财务义务的履行情况；至少每年与国际合作社联盟审计员会晤一次；就其认为有必要的问题向全球大会和理事会汇报。

（四）地区办事处

为了延伸国际合作社联盟总部的服务，国际合作社联盟可以组建以地区主任为首的地区办事处，地区主任由联盟秘书长指定，并服从他的领导。地区办事处的主要责任包括：促进和捍卫合作社的价值和原则；协调和执行国际合作社联盟在本地区的合作社发展项目；向政府机构和公众阐明会员对政策的关注；组织地区大会；开展秘书长要求、理事会批准的其他活动。

（五）专业组织和委员会

国际合作社联盟理事会可以在认为必要的合作社经济和社会活动部门，建立或解散、承认或收回国际专业组织和委员会。专业组织和委员会的主要职责包括：起草自己的章程，并报理事会通过；定期向理事会和全球大会汇报自己的活动；拥有全球大会中的一个代表席位和充分表决权；有权向理事会提出供权力机构会议讨论的主题；在必要和可能的情况下，寻求建立各专业组织之间的工作协作关系；与总部及适用的地区办事处合作；保证其地区性委员会的成立和运营与地区大会的政策相吻合。

课堂延伸

国际合作社联盟第九届亚太地区大会在京开幕

2010 年 9 月，由中华全国供销合作总社主办的国际合作社联盟第九届亚太地区大会在北京国际会议中心正式开幕。国际合作社联盟主席、副主席、理事会成员以及联盟亚太地区 20 多个国家的合作社组织代表 300 余人出席了会议。本次会议的主题是“可持续创新——合作社的成长机遇”。

国际合作社联盟亚太地区大会首次在中国举行，体现了国际合作社联盟和亚太地区对我国合作社近年来发展成就的充分肯定和高度重视。在我国政府的大力支持下，中华全国供销合作总社积极参与国际合作社联盟的各项事务，在联盟中的地位和作用日益提高。为展示中国合作社发展成就、推介中国合作社产品，会议期间，中华全国供销合作总社与联合国粮农组织、国际合作社联盟及黑龙江省人民政府共同举办了供销合作社参与农业产业化成果展暨寒地黑土农产品精品展。利用联盟这一平台，我国全面开展国际交流与合作，开展联合援助与人员培训，组织供销合作社企业与国外合作社企业进行对接，不断扩大贸易合作范围和规模。

资料来源：黄天保．国际合作社联盟第九届亚太地区大会在京开幕[EB/OL]．中国供销合作网，2010-09-05.

思考

中国为何要加入国际合作社联盟？以中华全国供销合作总社代表中国合作社加入国际合作社联盟意味着什么？

三、国际合作社联盟的会员

（一）会员资格

任何符合国际合作社联盟《关于合作社特征的宣言》、追求国际合作社联盟目标的组织都有资格加入国际合作社联盟，包括：合作社全国联社或协会，合作社协会的全国总社，个体成员占多数的全国性合作社企业组织，国际合作社组织。

作为特例，国际合作社联盟也可接受下列组织加入联盟：在没有全国性协会的地方的地区合作社联社或协会，在没有全国性或地区性协会的地方的合作社团体，促进合作社发展属于合作社运动的教育、研究和其他机构。

（二）会员权利

会员组织在圆满及时地履行其对国际合作社联盟的财政义务后，可享有下列权利：在国际合作社联盟的会议上，参与制定联盟的政策和工作计划；享受联盟所有相应的服务、信息和帮助；根据联盟各专业组织的章程，参加任何专业机构；指定参加国际合作社联盟全球大会、地区大会和代表大会的代表，并提名应选理事会的候选人。

（三）会员义务

每个会员组织都应承担下列义务：遵循国际合作社联盟的宗旨和方针政策，并使自己的活动符合《国际合作社联盟章程》第五条规定的《关于合作社特征的宣言》；向国际合作社联盟提供自己的年度报告和一份所有有关出版物的副本，定期通报国际合作社联盟重要的全国合作社发展情况，本国合作社章程及其细则的修改情况，以及对合作社有影响的一切政府行为；在每个财政年度的前 3 个月内，缴纳年度会费；根据国际合作社联盟领导机构的建议，采取一切行动支持联盟的方针决策。

课堂延伸

国际合作社联盟正式承认黑龙江谷和联社为全球第 284 个会员

黑龙江农业现代化建设创新组织农业专业合作社联社——黑龙江谷和农村经济合作社联社，被国际合作社联盟正式承认为其全球第 284 个会员、亚太地区第 98 个会员。黑龙江谷和农村经济合作社联社是继中华全国供销合作总社之后，中国 5 个会员主体中唯一一个民营合作社组织。

国际合作社联盟，1895 年成立于英国伦敦，是全球最大的独立的非政府性国际组织之一，是一个代表全球合作社及其发展的合作社联合会。国际合作社联盟的成员是各个领域的全国性合作社组织和国际合作社组织。

国际合作社联盟对合作社的性质、价值和基本原则进行了规定：合作社是人们为了满足他们共同的经济、社会与文化需求和愿望，通过联合所有民主控制的企业，自愿联合起来的一个自治的组织。合作社的基本价值是：自主、平等、公平和团结。合作社社员信奉诚实、公开、社会责任和关心他人的道德价值观。

黑龙江谷和农村经济合作社联社在黑龙江省哈尔滨市、佳木斯市、齐齐哈尔市、黑河市等地，精选近 200 家组织规范、具有一定规模的种植及农机专业合作社，自愿组建农村经济合作社联社独立法人主体。黑龙江谷和农村经济合作社联社遵守国际合作社联盟的原则及宗旨，帮助合作社农民增产增收，推进黑龙江省大农业产业国际化发展，实现谷供天下、和梦中国。

思考

如何利用国际合作社联盟平台优势，助力中国合作经济事业向国际化发展？

第二节 我国供销合作社与国际合作社联盟的历史渊源

一、早期中国合作社与国际合作组织的联系

中国合作社与国际合作社联盟的交往始于20世纪20年代。抗战胜利前期，当时的国民政府支持中国合作事业协会代表中国合作社加入了国际合作社联盟，后因连续4年未交费，于1949年被除名。

新中国成立以后，我国积极参加有益于世界和平的各种国际合作社活动，发展同各国合作社的经济文化交流，开展相互间的友好往来，在国际上的威望大大提高。

20世纪50年代，我国合作社与波兰、匈牙利、瑞典、意大利等国外合作社建立了联系。这个时期，我国合作社国际交流的主要工作包括两个方面：一方面参加其他国家的一些重要合作社活动；另一方面学习外国合作社的经验，重点是学习苏联的经验。除了出国访问与交流，我国合作社还邀请外国合作社来访。1954年7月召开的中华全国合作社第一次代表大会，就有朝鲜等8个国家的合作社代表团参加。

党的十一届三中全会以后，随着改革开放与经济发展，中外合作社组织的友好往来日益增多，来华访问的外国合作社代表团也不断增加，从1979年到1990年，有20余个国家的合作社代表团先后来访并展开交流与合作。

课堂延伸

中华全国供销合作总社多层次宽领域对外务实合作深入推进

我国供销合作社在对外交往中秉持开放、包容、合作、共赢的精神，与各国合作社深化务实合作，促进相互信任，实现共同发展。特别是近年来，我国供销合作社深入贯彻落实习近平外交思想，主动参与共建“一带一路”，围绕大局工作和综合改革任务，发挥合作社在对外交往中的独特优势，以合作社高层次对外交往为引领，全面推动多层次、宽领域的务实合作，致力于构建真诚互信、密切协作、互学互鉴、合作共赢的合作社国际交往格局。

一直以来，中华全国供销合作总社积极配合国家总体外交战略，充分发挥合作社高层

交流的引领作用以及中华全国供销合作总社在国际合作社联盟的领导作用。中华全国供销合作总社主要领导率团"走出去"，有针对性地访问"一带一路"沿线国家合作社及企业，进一步深化交流合作，率团访问了土耳其、伊朗、尼泊尔、斯里兰卡、越南、老挝、缅甸、以色列、希腊、保加利亚、葡萄牙、捷克、波兰、阿根廷等国合作社；同时，将"一带一路"沿线国家合作社领导人"请进来"，通过高级别直接对话及有针对性的访问，积极推动双方务实合作。国际合作社联盟主席、韩国农协中央会、波兰工人合作社、意大利消费合作社、越南合作社联盟、蒙古农业合作社、泰国农业合作社、印度化肥合作社、斯里兰卡消费合作社、马来西亚合作社等合作社高级代表团来访中华全国供销合作总社。

资料来源：促进开放包容发展 共创互利美好未来[EB/OL]. 中国供销合作网，2022-09-01.

思考

加深我国供销合作社与各国合作社的合作，对继续办好供销合作社有哪些重要意义？

二、中华全国供销合作总社加入国际合作社联盟

新中国成立后，全国合作社系统刚刚建立，就提出了参加国际合作社联盟的问题，但后面的过程并非一帆风顺。

1950 年 7 月，在全国供销合作社工作者第一届代表大会上，通过了中华全国合作社联合总社申请参加国际合作社联盟的决议。1956 年 7 月，中华全国供销合作总社代表中国合作社组织正式向国际合作社联盟提出入盟申请，但最终未获通过。党的十一届三中全会以后，随着改革开放，我国供销合作社的国际交往活动日益增多。在一些国家合作社的活动中，国际合作社联盟就我国入会问题开始主动联络。

1984 年 4 月，国务院批复同意中华全国供销合作总社代表中国合作社加入国际合

作社联盟。1984 年 8 月，中华全国供销合作总社第一届全国委员会第五次扩大会议决定再次申请加入国际合作社联盟。1984 年 10 月，中华全国供销合作总社在国际合作社联盟执委会（后改称理事会）上提出入会申请。1985 年 2 月 20 日，国际合作社联盟执委会一致通过中华全国供销合作总社的申请。至此，中华全国供销合作总社正式加入国际合作社联盟，成为其组织成员，中华全国供销合作总社成为代表中国合作经济组织参与国际合作社联盟事务的唯一机构。1986 年 10 月，在瑞士巴塞尔举行的中央委员会上，中华全国供销合作总社秘书长杨德寿被增选为国际合作社联盟执委会委员。1988 年，中华全国供销合作总社成为国际合作社联盟的理事会成员。

自中华全国供销合作总社加入国际合作社联盟开始，我国在国际合作社联盟中的地位不断提高，并在国际合作社运动中发挥着越来越重要的作用。这不仅提高了我国合作经济组织的国际地位，更推动了我国与世界合作社和企业的经济文化交流和经济贸易合作。

三、我国供销合作社国际交流的发展趋势

合作社对各国经济发展发挥着重要作用，合作经济已经深深植入人们生产生活的诸多领域和环节。我国供销合作社努力提高国际交流合作水平，并呈现以下发展趋势。

（一）以习近平总书记重要指示精神为指导

我国供销合作社通过多种形式，深入学习习近平总书记重要指示精神，深刻学习领会其对供销合作社性质、定位的科学阐释，对供销合作社在农业农村发展中地位、作用的强调，深刻学习领会对新时期供销合作社改革发展的明确要求，提高政治站位。

（二）持续推动合作社参与我国改革开放进程

我国供销合作社在国际合作社运动中承担更多责任和义务，用合作社语言讲好中国供销合作社在脱贫攻坚、乡村振兴、共同富裕中的故事，不断拓展“一带一路”合作社“朋友圈”，为构建人类命运共同体发挥合作社的建设性作用。

（三）加固提升国际交往合作的桥梁纽带

我国供销合作社积极推动系统企业、合作社联合社和国际市场的联通，帮助系统企业和优秀合作社在农副产品、农资农机、跨境电商、合作金融等领域深化国际经贸合作。

（四）继续做好供销合作事业的参谋助手

在合作经济发展中，世界各国合作社积累了丰富的成功经验和模式，值得我国供销合作社思考和借鉴。我国供销合作社需要继续加强对全球合作社发展模式的研究总结和吸收转化，为供销合作事业的发展提供国际参考、开拓国际视野。

课堂延伸

中国供销合作社交易团专场对接会首次走进进博会

2023 年 11 月 7 日，在上海举行的第六届中国国际进口博览会（简称进博会）上，中国供销合作社交易团首次召开专场对接会。

本届进博会中国供销合作社交易团由中华全国供销合作总社有关部局、21 个省（区、市）以及新疆生产建设兵团供销合作社、中国供销集团及所属企业代表组成，共计 350 余人。中华全国供销合作总社党组成员、理事会副主任，中国供销集团党委书记、董事长侯顺利带队，参加进博会相关活动。

供销合作社是党领导下的为农服务的综合性合作经济组织，社有企业作为为农服务的综合载体，是供销合作社经济实力和服务能力的重要支撑，经营服务领域涵盖农资供应、农产品销售、仓储物流、电子商务、合作金融等。本次专场对接会，中华全国供销合作总社组织系统内 12 家开展外贸业务、有较强影响力的企业参会，与国外参展商广泛接洽、谋求合作。

会上，中国供销集团、中国供销冷链物流有限公司、江苏省苏合农产品集团有限公司、安徽辉隆农资集团股份有限公司、安徽省农产品集团有限公司、重庆市农业生产资料（集团）有限公司、重庆市农产品进出口有限公司等分别进行了宣讲。中国供销冷链物流有限公司与白俄罗斯工商联进行了现场签约。美国、英国、加拿大、日本等 10 余个国家近 50 家参展商参加了此次专场对接会。

中国供销冷链物流有限公司业务经营部总经理表示："借助本次进博会，我们与中东欧国家海关服务中心达成了签约。未来，希望可以通过合作拓宽与当地优质农产品企业的沟通渠道，进一步丰富采购农产品的品种；同时也希望以此为契机，在物流运输、海外出口清关、质量检验等方面与国外优秀企业加强合作，与中东欧'一带一路'沿线国家的企业形成更广泛的合作。"

安徽辉隆农资集团股份有限公司化肥总公司国际部总经理表示："此次专场对接会给我们提供了非常好的机会和平台，一方面可以通过对接会加强与系统内企业的交流合作，另一方面可以以此为窗口向更多国内外同行展示企业自身，以便寻找更多合作伙伴。"

据悉，本次进博会共有来自 154 个国家、地区和国际组织的参展观展人员，有超过 3 400 家参展商和 39.4 万名专业观众注册报名。

资料来源：中国供销合作社交易团专场对接会首次走进进博会 [EB/OL]. 中华合作时报微信公众号，2023-11-08.

思考

供销合作社应如何进一步发挥好助力我国国际商贸流通发展的作用？

第三节　我国供销合作社在国际交流中的作用

一、参与并主持重大国际活动

从提出加入国际合作社联盟到正式进入这个组织，经历了许多年，中华全国供销合作总社的历届领导人都做过很大的努力，一些友好国家的合作社组织领导人也做了不少的工作。

（一）参与的国际合作社联盟的重大活动

1985 年 10 月，以代主任潘遥为团长的中华全国供销合作总社 15 人代表团，首次出席在美国华盛顿召开的第 28 届国际合作社联盟中央委员会会议。潘遥在会上对多年来许多国家合作社组织支持中国供销合作社参加国际合作社联盟的努力表示感谢，并向大会介绍了中国供销合作社的基本情况和发展前景。

1992 年 10 月，在东京召开第 30 届国际合作社联盟代表大会，以何济海为团长的代表团共 11 人参加了会议。大会期间，何济海、刘洪禄分别代表中国代表团就合作社发展问题、保护社会环境问题作大会发言。这次大会是国际合作社联盟成立 97 年来在第一次在亚洲举行会议，到会代表有 82 个国家，200 个全国性合作社组织和国际组织，共 1 200 人。联合国事务总长代表联合国秘书长到会讲话。会议期间，国际合作社联盟主席马卡斯对中国进入市场经济、合作社如何发展以及同周边国家合作社的关系十分关心。日本农协主席专门宴请中国代表团全团成员，并表示希望会后两国合作社加强合作，中日两国合作社携起手来，对亚太、对全球合作社运动都会产生巨大影响。

1995 年 9 月，国际合作社联盟成立 100 周年大会暨第 31 届国际合作社联盟代表大会，在国际合作社运动的发源地——英国曼彻斯特市召开。参加这次会议的世界各国合作社代表和观察员共有 1.5 万余人。当时，我国代表作为国际合作社联盟理事会 11 个理事国之一，理事会常务副主任白清才率中国代表团出席。会议期间，我国代表团拜会和结交了一批新老朋友，进一步加强了我国合作社同国际合作社联盟以及其他国家合作社之间的交流与合作。

第 32 届国际合作社联盟代表大会于 1999 年在加拿大魁北克市召开。中华全国供销合作总社派出了以穆励副主任为团长的 6 人代表团参加此次会议。在开幕式上，国际合作社联盟主席罗伯托·罗德里格斯先生致开幕词。他指出，21 世纪，国际合作社运动将出现第二次发展浪潮，在这样的一种浪潮中，我们不可能停止下来，只可能迎浪而上、踏浪而行。埃德加·帕内尔作“新世纪的全球合作”的主题报告，翔实分析了 21 世纪将产生的国际政治与经济环境的巨大变化，以及给合作社未来带来的影响和发展机遇。

（二）主办的国际合作社联盟的国际活动

1999 年 10 月，第五届亚太地区政府合作社部长会议在北京召开。此次会议由中国政府主办，中华全国供销合作总社承办。议题是“进入 21 世纪，支持和促进合作社的持续发展”，国际合作社联盟亚太地区 23 个成员的政府高级官员、合作社以及国际组织领导人和观察员共 260 多名代表出席了本次会议。时任国务院总理朱镕基在人民大会堂会见出席第五届亚太地区政府合作社部长会议的各国代表。合作社部长会议是国际合作社联盟为协调全国政府与合作社之间的关系，改善合作社生存环境，推动合作社事业发展，由联盟所属的亚太、非洲、美洲、欧洲四大区办事处协调定期召开的区域性合作社国际会议。亚太地区政府合作社部长会议，每两到三年举行一次。按照前四届亚太地区政府合作社部长会议的惯例，会议还邀请了国际劳工组织、联合国粮食及农业组织等国际性组织参加。这次会议不仅是亚太地区政府合作社部长会议史上，而且是中国合作社史上规模最大、规格最高的一次国际性会议。此次会议提高了我国在国际合作社运动中的地位，对推动我国合作社经济的发展产生了积极而深远的影响。

中国供销合作社助力国际合作社运动

2010 年 9 月，中华全国供销合作总社国际合作部承办了国际合作社联盟第九届亚太地区大会，会议在北京国际会议中心隆重召开。此次会议参会规模大，会议内容复杂，媒体关注度高，共有五大洲 44 个国家 451 名外国代表参加了 12 个活动、28 个会议、2 个展览，会议筹备涉及 5 方 27 个机构之间的协调。会议创下亚太地区大会的数项纪录，展现了中国合作社形象，赢得了与会中外领导和嘉宾的一致肯定。中央政治局委员、国务院副总理回良玉同志出席开幕式并做主旨演讲，充分体现了中国政府对合作社事业的重视。

2014年2月，国际合作社联盟理事会与亚太地区理事会在北京召开。中华全国供销合作总社党组书记、理事会主任王侠会见了出席会议的联盟全球理事，并与国际合作社联盟主席珀琳·格林就合作社事业发展展开亲切交流。中华全国供销合作总社党组副书记、理事会副主任李春生作为联盟副主席、联盟亚太地区主席在欢迎宴会上发表致辞。珀琳·格林对中华全国供销合作总社支持国际合作社联盟的工作表示感谢，同时对中国在推动供销合作事业发展上所取得的重大成绩表示了肯定。

课堂延伸

“一带一路”沿线及周边14国合作社代表齐聚浙江

为贯彻“一带一路”重要合作倡议，更好地加强同各国合作社的交流与合作，2017年6月23日，由中华全国供销合作总社主办、浙江经贸职业技术学院承办的“一带一路”合作社发展研讨暨农村金融服务培训在浙江经贸职业技术学院会议中心举行开幕式。来自国际合作社联盟、全国供销合作社、浙江省供销合作社的领导嘉宾、浙江经贸职业技术学院领导和师生代表，以及来自亚太地区“一带一路”沿线及周边14个国家的38名合作社代表，共计200余人参加。

国际合作社联盟亚太地区办事处主任巴鲁·伊尔在仪式上致辞。他表示，“一带一路”是中国提出的伟大倡议，合作社在这方面大有可为，是很多国家提升合作社影响力、提升政府对合作社认可度、建立合作社网络、发展人力资源的好机会。他希望，亚太地区合作社应该携手促进“一带一路”倡议的落实，在地区产生长期影响。

来自柬埔寨、印度、印度尼西亚、伊朗、马来西亚、蒙古、缅甸、尼泊尔、菲律宾、斯里兰卡、泰国、越南、中国的38位学员参加为期5天的培训研讨。

培训班邀请了国际合作社联盟亚太地区办事处、国际合作社和互助保险联合会、中合联投资有限公司、菲律宾合作社联合社、马来西亚合作学院等机构的专家，为学员讲授亚洲合作社发展现状、非营利性互助保险发展情况、农村信用社合作的改革与实践、农村地区发展合作社金融服务的机遇与挑战、“三位一体”合作社运作模式及合作金融业务等主题内容。

资料来源：“一带一路”沿线国家合作社代表在浙经贸接受农村金融服务培训 [EB/OL]. 中国青年网，2017-06-27.

（三）参与的中国政府举办的重大国际经济活动

金砖国家合作社领导人会议旨在探讨建立金砖国家合作社之间稳定长效合作机制，第一次会议于2010年召开，会议交流了四国合作社的情况并共同签署了《首届“金砖四国”合作社会议最后公报（草案）》。

2011年6月，第二届金砖国家合作社领导人会议在北京成功举办。五国合作社领导人分别介绍了本国合作社事业发展状况，共同商议金砖国家合作社之间的经济、贸易合作机制，并分别在会上发表了主旨演讲。会议签署了《金砖五国合作社联合公报》。会议期间，金砖国家合作社领导人签署《金砖国家合作社领导人第二次会议合作谅解备忘录》并见证了中国供销集团及其下属企业与金砖国家企业签署的一系列经贸合作协议。此次会议不仅是合作社领导人的会晤，也为企业开展合作提供了非常好的交流平台。

二、进行对外经贸交流与合作

1954年，苏联消费合作社提出与我国供销合作社采用换货贸易的方式进行经济交流，中华全国供销合作总社接受了该建议。尽管换货的数额不大，持续时间也不长，但是作为中国对外贸易的一个窗口，这种方式补充了国家外贸部门零星农副土特产品出口的不足，对我国与其他国家合作组织的经济往来也产生了很好的影响。

1958年7月，中华全国供销合作总社与苏联消费合作社在莫斯科签署了价值500万卢布的易货协议，我方供给对方瓷器、热水瓶、干鲜果品等，对方供给我方钟表、照相机、载重汽车等。这种易货贸易给双方都带来了好处，1959年7月，双方合作社在北京又签署了价值574万卢布的易货合同。

此后，中华全国供销合作总社还相继同朝鲜、波兰、匈牙利、保加利亚、民主德国、捷克斯洛伐克等国家的合作社组织商谈过有关双方合作社组织进行易货贸易的问题。20世纪60年代初起，罗马尼亚、保加利亚、日本等国的合作社纷纷要求同中华全国供销合作总社建立直接的贸易关系。

我国政府和有关部门也支持和赞同供销合作社同国外合作社组织开展互惠互利的贸易往来活动。1964年，国务院副总理陈毅在接见日本代表的时候说："今后，如果你们愿意的话，两国合作社之间也可以直接进行贸易往来，这样做对其他方面并不妨碍。"

供应链上的合作社
"链"接世界

改革开放后，日本消费合作社联合会、日本农业合作社联合会、罗马尼亚消费合作社中央联社、意大利合作社联盟、瑞典消费合作社联合会、匈牙利消费合作社全国委员会等，在同我国供销合作社的往来中又提出了开展经济交流的建议，同样得到了时任国务院副总理的姚依林和田纪云等的支持。1985年，中华全国供销合作总社恢复了同罗马尼亚消费合作社中央联社和匈牙利消费合作社全国委员会的换货贸易谈判。

三、进行对外技术交流与合作

20世纪50年代与我国合作社进行技术合作的外国合作社，主要是一些社会主义国家的合作社，如苏联、越南、朝鲜、民主德国等。我国主要学习和推广了苏联合作社贸易组织与技术，以及零售门市部标准设计图样等。我国合作社对外的合作，多半是根据国家政府的技术合作协定来进行的，主要是传授一些传统的技术资料，如茶叶、棉花和蜂蜜的加工技术，废旧物资的回收利用技术，蛋类的包装、保管技术等。如1959年8月，应越南合作社中央联社的请求，我国供销合作社派浙江省的3位生产技术人员，去越南进行了为期一年的技术指导。1959年10月，我国又派技术人员去苏联消费合作社传授蛋类的采购、包装、保管技术等。

1960年起，由于国内外形势的变化，我国供销合作社与苏联等国家的合作社组织停止了技术合作，只同阿尔巴尼亚等个别国家的合作社进行过技术交流。1978年党的十一届三中全会后，在改革开放的指引下，我国供销合作社同其他国家合作社的技术合作与交流重新开始。中华全国供销合作总社先后派出了十多个技术考察团组，分别到澳大利亚等国家，考察学习水果保鲜、蚕茧加工、茶叶加工机械、食用菌培植、柑橘加工等技术，有的已经取得了较好的成果。

同时，中华全国供销合作总社还邀请一些外国的专家、工程师、技术人员到我国传授技术。此外，日本农业合作社联合会和罗马尼亚农业合作社联合会根据中日、中罗两国合作社组织领导人签署的协定，也先后派农药技术、食用菌培植、沼气制作技术等方面的人员，同中华全国供销合作总社的有关专家、技术人员进行技术交流。

课堂延伸

“一带一路”农产品农资（电商）推介会和“一带一路”农交会

2019 年 7 月 11 日，由中国供销集团与福建省供销合作社联合社、福建省商务厅、福建省农业农村厅等单位联合举办的首届“一带一路”农产品农资（电商）推介会（简称“一带一路”农交会）在京召开。会议邀请中华全国供销合作总社有关部局领导、中华全国供销合作总社相关协会代表，中国供销集团成员企业代表，中国东盟农资商会、中国供销电子商务发展联盟、中国供销电子商务有限公司、福建省商务厅、福建省农村信用社联合社、厦门市供销社集团公司等主办、承办、协办单位有关负责同志，北京等有关省、市供销合作社代表，供应商、采购商、电商代表，新闻媒体代表等共 120 多人到会。

“一带一路”农交会吸收国际合作社联盟成员、“一带一路”沿线国家和地区代表团、国际农业组织、农产品农资运营商、采购商、生产商和跨国公司等前来参展参会。

“一带一路”农交会重点展示“一带一路”国家和地区特色农产品、农资，促进购销对接、贸易合作，推进组织项目对接、投资合作，为“一带一路”农产品、农资和产业客商及城镇组织展示新产品、转化新成果、结识新客户、开拓新视野、把握新商机，搭建了一个更优质的双向投资和对外贸易合作平台，促成更多国际合作组织间和“一带一路”产业间的交流机制。

思考

结合新时期“一带一路”倡议，思考我国供销合作社开展对外合作的意义。

四、进行国际经验交流和人才培训

1985 年，中华全国供销合作总社理事会秘书长杨德寿率团访问国际合作社联盟总部，就中国加入该组织开展会谈，会谈内容包括在北京建立一个培训中心。2010 年，中华全国供销合作总社国际交流促进中心正式挂牌成立。

国际合作社联盟与国外合作社历年来为我国培训了大量人才，仅瑞典消费合作社联合会一个项目，就为我国培训了百余名经营管理人员。通过国际合作社联盟的合作平台，我国邀请优秀的外国专家来华讲解农业生产技术、农产品贸易政策，亦受邀向国外派遣各类专家，并与优秀农业国家开展联合培训项目，在国内举办面向中国与东南亚国家基层合作社经理的培训课程。

2000 年至 2005 年，仅中华全国供销合作总社就利用国外各种渠道培训了 500 多人次，成果显著，对借鉴国外经验、促进我国合作社的工作发挥了重要作用。2003 年，中华全国供销合作总社借鉴加拿大合作社及其他发达国家的经验，在相关部门的资金和专家支持下，不仅为我国办好专业合作社提供了指导，而且为政府有关部门制定相关政策法律提供了有益的参考。

课堂延伸

“国际合作社联盟国际合作社供应链展”在首届链博会上广受关注

2023 年 11 月 28 日至 12 月 2 日举办的首届中国国际供应链促进博览会（简称链博会）上，由中华全国供销合作总社、国际合作社联盟主办的“国际合作社联盟国际合作社供应链展”受到广泛关注。

“国际合作社联盟国际合作社供应链展”位于绿色农业供应链馆，展会主题为“供应链上的合作社”，由来自日本、韩国、巴西、马来西亚、新加坡、印度尼西亚、印度、以色列、土耳其、伊朗、保加利亚、意大利、西班牙、肯尼亚、阿根廷等 15 个国家的 22 家合作社代表参展，重点展示农业供应链生产、流通、消费各个环节上中外合作社的特色产

品和服务，展示中外合作社在农业供应链各个环节开展国际合作的实力和潜力。

2023 年 11 月 28 日下午、29 日上午还同期举办“合作社国际贸易与发展论坛暨合作社国际贸易培训班”，邀请联合国、国际劳工组织、国际合作社联盟有关专家以及国内外贸易、大数据专家和国内外合作社管理人员参加，围绕应对合作社间贸易合作的机遇与挑战、推动合作社间贸易与发展等主题，探讨具体的实现路径和解决方案。

资料来源：“国际合作社联盟国际合作社供应链展”在首届链博会上广受关注 [EB/OL]. 中国经济网，2023-11-29.

课后习题

一、单项选择题

1. 国际合作社联盟（ICA）在哪个国家成立？（　　）

A. 美国　　B. 英国

C. 瑞士　　D. 中国

2. 中国加入国际合作社联盟（ICA）的时间是（　　）。

A.1949 年　　B.1950 年

C.1956 年　　D.1985 年

3. 国际合作社联盟（ICA）的四个地区性代表大会不包括（　　）。

A. 大洋洲大会　　B. 美洲大会

C. 亚太地区大会　　D. 欧洲大会

4. 国际合作社联盟（ICA）的合作精神是（　　）。

A. 和平共赢　　B. 竞争与合作

C. 团结互助　　D. 可持续发展

5. 中华全国供销合作总社参与并主持的重大国际活动不包括（　　）。

A. 国际合作社联盟第九届亚太地区大会　　B. 第二届金砖国家合作社领导人会议

C. 国际合作社联盟国际合作社供应链展　　D. 合作社代表大会

二、论述题

1. 简述国际合作社联盟的宗旨。

2. 简述国际合作社联盟的原则。

3. 简述提高我国供销合作社的国际交流合作水平的方法。

4. 简述我国供销合作社参与国际交流的作用。

实训任务

1. 4～6 人为一组，搜集近 20 年来国际合作社联盟亚太地区大会的主题和相关内容，了解中国供销合作社在其中起到的作用和承担的责任，并制作时间轴，明确各阶段合作社发展的任务要求。

2. 团队实训考核评价。

实训考核评价表如表 6–1 所示。

表 6–1 实训考核评价表

组别	考核点							总分
	资料翔实	逻辑清晰	文字流畅	观点明确	调研深入	团队合作	其他方面	
第 1 组								
第 2 组								
第 3 组								
……								
第 n 组								

参考文献

[1] 侯惠邦 . 铸造新时代供销文化 推动供销合作事业高质量发展：关于加强新时代供销合作社文化建设工作探析［J］. 中国合作经济，2022（9）：54–57.

[2] 孟璐 . 新时代供销合作社文化构建与推广普及模式研究：以浙江省为例［J］. 农村农业农民（B 版），2023（4）：59–61.

[3] 宋佳，刘春杰 . 习近平新时代中国特色社会主义思想对中华优秀传统文化的传承创新［J］. 学理论，2024（1）：22–23.

[4] 陈祉，邹海贵，刘振中，等 . 习近平新时代“合作共赢”发展理念的伦理意蕴［J］. 广西科技师范学院学报，2020，35（4）：69–71.

[5] 李哲宇，肖婉辰 . 新时代大学生社会主义义利观构建研究［J］. 辽宁经济职业技术学院 · 辽宁经济管理干部学院学报，2023（4）：59–62.

[6] 杨华，杨玉垚 . 诚信观的传统思想资源及其现代阐释［J］. 决策与信息，2022（3）：35–43.

[7] 王明志，况志华 . 中国传统诚信思想的演变及其当代启示［J］. 思想政治教育研究，2019，35（5）：145–148.

[8] 李函章 . 中国传统诚信观的现代价值［J］. 人民论坛，2018（1）：72–73.

[9] 谢永行 . 习近平文化思想的中国传统文化底蕴［J］. 现代交际，2024（1）：1–8+122.

[10] 任长宾 . 传承弘扬红色供销精神［J］. 中国合作经济，2014（12）：28.

[11] 广东省广州市白云区供销合作社 . 从合作社的历史看新时代供销社的责任与担当［J］. 中国合作经济，2022（7）：78–79.

[12] 肖俊彦 . 供销社体制：历史和改革［J］. 管理世界，1988（3）：134–145.

[13] 唐敏，陈美玲 . 中国特色供销合作社 40 年改革发展历程［J］. 新疆农垦经济，2019（1）：7–14.

[14] 傅德宝 . 供销合作社“三合三分”的历史教训［J］. 中国合作经济，2010（8）：42–47.

[15] 李敏，马德富 . 关于供销合作社深化改革研究综述［J］. 社会科学动态，2024（2）：56–62.

［16］车海刚，张元宗，江宜航，等 . 浙江丽水：创新流动供销探路老区共富——丽水市供销社“流动供销致富车”实践探索［J］. 中国发展观察，2023（7）：123–128.

［17］杨旭，何慧丽 . 供销合作社农产品流通服务历史进程与职能优化［J］. 中国流通经济，2023，37（4）：26–36.

［18］张冉，张瑞 . 新时代中国供销合作社综合改革研究：变迁逻辑与共时场域［J］. 新疆师范大学学报（哲学社会科学版），2024，45（2）：94–105.

［19］王军，王真，刘纪荣 . 赋能中国式农业农村现代化：新时代深化供销合作社综合改革的三重逻辑［J］. 新疆师范大学学报（哲学社会科学版），2023，44（4）：89–101.

［20］李玉蓉 . 供销社、物资流通与计划经济：计划商业体制的逻辑与困境（1948—1962）［J］. 中国经济史研究，2022（6）：201.

［21］张毅，洪利明 . 挤兑供销社社员股金已成历史［J］. 浙江金融，2002（2）：18–19.

［22］孙明华，王继勇，董雷，等 . 供销社何处去？——70 年兴衰、现实与想象［J］. 国企管理，2023（2）：32–33+2+8.

［23］郭峻，徐旭，贾辉，等 . 加快推进浙江省供销社社有经济高质量发展的对策研究［J］. 中国合作经济，2022（Z1）：81–84.

［24］徐旭初，李艳艳，金建东 . 供销社“去内卷化”路径探析——浙江“三位一体”改革之路［J］. 西北农林科技大学学报（社会科学版），2020，20（3）：68–75.

［25］徐旭初，金建东，吴彬 .“三位一体”综合合作的浙江实践及思考［J］. 农业经济问题，2018（6）：58–66.

［26］郭志江 . 供销合作社参与乡村振兴的研究——河北省供销合作社开展全产业链托管服务的实践［J］. 中国合作经济，2022（7）：13–15.

［27］于璐娜 . 山东供销社重生新路山东省供销社系统发力农产品经营服务体系建设［J］. 中国合作经济，2008（8）：8–12.

［28］韩长江，吴静芝，张波 . 打造“供销托管”服务新模式——对河北供销合作社开展土地托管规模化服务的情况调查［J］. 中国合作经济，2015（2）：47–51.

［29］孔祥智 . 农民合作、土地托管与乡村振兴——山东省供销社综合改革再探索［J］. 东岳论丛，2018，39（10）：18–24+191.

［30］王蔚，徐勤航，周雪 . 土地托管与农业服务规模化经营研究——以山东省供销社实践为例［J］. 山东财经大学学报，2017，29（5）：87–95+105.

［31］丁荣进．深化综合改革 推进供销合作社高质量发展［J］．合作经济与科技，2024（1）：4–7.

［32］洪涛．中国供销合作社百年及未来发展趋势［J］．物流研究，2022（4）：1–7.

［33］刘国强．国际合作社日主题对认识中国农民合作社发展的启示［J］．中国农民合作社，2020（8）：60–61.